kiepenheuer

AUFBAU VERLAGSGRUPPE

Fanny Frohmeyer

Geschichte in Augenblicken

*Merkwürdigkeiten,
die die Welt bewegten*

Gustav Kiepenheuer Verlag

ISBN 978-3-378-01089-5

Gustav Kiepenheuer ist eine Marke
der Aufbau Verlagsgruppe GmbH

1. Auflage 2007
© Aufbau Verlagsgruppe GmbH, Berlin 2007
© der apparat, Berlin 2006
Einbandgestaltung Mediabureau Di Stefano
unter Verwendung von Motiven von J. Lantelmé, fotofinder;
Granni Dagli Orti, corbis, PeterRichardson, getty
und aus dem Cinetext Bildarchiv
Druck und Binden GGP Media GmbH, Pößneck
Printed in Germany

www.gustav-kiepenheuer-verlag.de

INHALT

VI. Erstaunliche Geschichten aus aller Welt

VII. Made in Germany

I. WIR SIND HELDEN

Wie Superman Adolf Hitler besiegte

Anfang der 30er Jahre entwickelt Jerry Siegel eine Science-Fiction-Geschichte, in deren Mittelpunkt ein teuflisches Superhirn mit übernatürlichen geistigen Kräften steht. Inspirieren läßt sich Siegel dabei von Friedrich Nietzsche und seinem Konzept des Übermenschen. Illustriert wird die Story des 19jährigen von seinem gleichaltrigen Kumpel Joe Shuster. Doch schon bald müssen die beiden über eine gründliche Kurskorrektur für ihren diabolischen Helden nachdenken – die Nachricht von der Machtübernahme Hitlers im fernen Deutschland ist auch zu ihnen nach Cleveland gedrungen. Der Beginn der Nazi-Herrschaft am 30. Januar 1933 erinnert Siegel und Shuster an ihre jüdischen Wurzeln und läßt sie um das Schicksal ihrer europäischen Verwandten bangen.

Da die Nazis Nietzsches Idee des Übermenschen für sich vereinnahmen, beschließen die beiden Teenager, aus ihrer Hauptfigur eine Kraft des Guten zu machen. Die übernatürlichen Körperkräfte darf ihr Held behalten, doch von nun an wird sein Handeln von einem unbestechlichen Gerechtigkeitssinn bestimmt. Die Biographie ihrer Figur wird zudem gebrochener und dadurch menschlicher: Ihr Superheld mußte seine Heimat, den fiktiven Planeten Krypton, verlassen, nachdem seine gesamte Familie ausgerottet wurde.

Die Suche nach einem geeigneten Verleger gestaltet sich jedoch schwierig, und fünf Jahre später glauben Siegel und Shuster selbst nicht mehr daran, daß ihr Superheld je das Licht der Comic-Welt erblicken wird. Um so erfreuter sind sie, als sich im Juni 1938 Harry Donenfeld und Jack Liebowitz von DC Comics in New York doch noch für ihr Werk interessieren. Für 130 Dollar verkaufen Shuster und Siegel die Rechte an ihrer Idee und die erste Folge der Science-Fiction-Serie an den kleinen New Yorker Comic-Verlag: Superman ist geboren. Nach Beginn des Zweiten Weltkriegs darf er nicht nur Räuber und Diebe dingfest machen – Superman gelingt es in bunten Comic-Sequenzen sogar, Nietzsche-Verehrer Adolf Hitler zur Strecke zu bringen.

Der kommerzielle Erfolg der Comic-Reihe könnte unterdessen kaum größer sein: Millionenfach gehen in den nächsten Jahren Hefte des Superhelden mit dem knallroten Slip und dem großen »S« auf der Brust über die Ladentheken. Bisweilen wird der erfundene Gerechtigkeitsfanatiker neben Henry Kissinger, Moses und Steven Spielberg gar zu den 100 einflußreichsten Juden aller Zeiten gezählt. Nur Joe Shuster und Jerry Siegel macht Supermans Mega-Erfolg nicht restlos glücklich: 130 Dollar erscheinen ihnen nun doch etwas dürftig für ihre Erfindung, die anderen Millionen beschert. Sie verklagen DC Comic und bekommen vor Gericht eine zusätzliche jährliche Auszahlung bis zu ihrem Lebensende zugesprochen.

Comic-Helden, die Superman zur Strecke brachte:

- Brainiac
- Mr. Mxyzptlk
- Metallo
- Prankster
- Toyman
- Bizarro
- Parasite
- Mongul und Mongal
- Maxima und Obsession
- Doomsday
- Killer-Cyborg

Dichter Nebel hängt über dem Flugplatz Floyd Bennett in Brooklyn, die Sichtverhältnisse am Morgen des 17. Juli 1938 sind miserabel. Ideales Flugwetter für Douglas Corrigan, der seine einmotorige Curtiss seit langem heimlich auf diesen Tag vorbereitet hat. Auf Corrigans offiziellem Flugplan steht als Ziel Long Beach in Kalifornien. Corrigan atmet tief durch, startet den Motor und hebt ab. Doch statt seine Maschine nach dem Durchbrechen der Nebeldecke zu wenden und Kurs auf die amerikanische Westküste zu nehmen, fliegt Corrigan weiter nach Osten, in Richtung Europa.

Seit Jahren verweigern ihm die Behörden die Erlaubnis für einen Transatlantikflug mit seiner kleinen Maschine, doch Douglas Corrigan gibt seinen Traum nicht auf – er will der erste Mensch sein, der nonstop von New York nach Dublin fliegt. Jahrelang bastelt der irischstämmige Sturkopf an seiner Curtiss herum, um sie fit für die Überquerung des Atlantischen Ozeans zu machen. Er vergrößert die Treibstofftanks um ein vielfaches und wirft alles über Bord, was er als unnötigen Ballast empfindet. Nachdem er sich von einer Menge Instrumente, der Funkanlage und sogar seinem Fallschirm verabschiedet hat, bleibt Corrigan zum Navigieren lediglich sein Kompaß, der noch aus dem Ersten Weltkrieg stammt. Den größeren Teil der Strecke muß er sogar bei offenem Fenster fliegen, da sich nach einem Riß des Tankes Benzin im Fußraum sammelt und ihm die Sinne vernebelt. Aber trotz großer technischer Probleme, Eiseskälte im Cockpit und dem ständigen Kampf gegen die Müdigkeit gelingt das schier Unmögliche: Nach 28 langen Flugstunden landet Douglas Corrigan in Irland.

Corrigan behauptet, beim Start im dichten Nebel die Orientierung verloren zu haben und aus Versehen »the wrong way«, in die falsche Richtung, geflogen zu sein. Obwohl ihm keiner glaubt, wird er zum Helden und Liebling der Medien. Zeitlebens hält Corrigan an seiner Version fest, selbst 50 Jahre nach seiner sensationellen fliegerischen Pionierleistung verkauft er sie immer noch als simplen Navigationsfehler. Und sein Spitzname wird im amerikanischen Sprachgebrauch zur gängigen Bezeichnung für einen, der Mist gebaut hat: Wrong Way Corrigan.

Ein Mann singt um sein Leben

Der britische Opernsänger Quentin Hayes fühlt sich in seinem Kostüm nicht gerade wohl. Bei den Proben zu einer modernen Inszenierung von Leoš Janàčeks Oper »Das schlaue Füchslein« in der Oper von Birmingham stellt er 1998 einen englischen Neonazi dar, einen Anhänger der rechtsextremen Gruppierung »National Front«. Die Kostümbildnerin hat sich alle Mühe gegeben: Bomberjacke, DocMartens-Schuhe und Union-Jack-T-Shirt lassen Quentin erschreckend authentisch aussehen.

Daran denkt er allerdings nicht, als er in der Mittagspause das Opernhaus verläßt, um eine Kleinigkeit essen zu gehen. Hayes kommt nicht weit. Urplötzlich sieht er sich zwei hochgewachsenen, kräftig gebauten Schwarzen gegenüber. Sie mustern ihn mißtrauisch, kommen ihm bedrohlich nahe und nehmen ihn buchstäblich in die Zange. »Bist du ein *Bulldog*?« fragt einer von ihnen. Hayes wird jetzt erst klar, was für ein fatales Mißverständnis hier vorliegt. Die beiden halten ihn für einen Neonazi, einen Rassisten und Ausländerfeind – einen *Bulldog* eben, wie man in England sagt. Wortreich beginnt er sich für sein Outfit zu entschuldigen, er sei schließlich nur Schauspieler und Sänger, all das gehöre zu einer Operninszenierung, in der er einen Neonazi spielt!

Noch während er sich rechtfertigt, wird Quentin klar, wie unglaubwürdig all das klingen muß. Der andere Schwarze senkt seine Hand bedrohlich nahe in Richtung seines Stiefelschafts. Auf der Bühne ist Quentin schon oft den Heldentod gestorben, nun muß er befürchten, mit einem Messer im Bauch auf der Straße zu enden. In diesem Moment begreift er: Er muß das wirkliche Leben zur Bühne machen, um zu überleben. Und so breitet er die Arme aus, holt tief Luft und schmettert die berühmte Arie des Figaro aus der Rossini-Oper »Der Barbier von

Sevilla«. Es wird die ehrlichste, hingebungsvollste und überzeugendste Darbietung seiner ganzen Karriere. Sofort lassen die beiden Schwarzen von ihm ab. Hayes weiß noch heute nicht, ob er sie überzeugte oder ob sie ihn einfach für einen Idioten hielten. Und es ist ihm auch egal. Doch seither verläßt er die Proben nur noch im Trenchcoat.

Eine skandalös praktisch veranlagte Frau

So etwas hat man 1907 am Strand von Boston noch nicht gesehen: Anstatt des üblichen bodenlangen Badekleides trägt Annette Kellermann lediglich einen Badeanzug. Er bedeckt zwar noch immer artig Beine und Oberkörper, doch die junge Frau trägt unter ihrer Schwimmkleidung kein Korsett. Der eng anliegende Einteiler erregt solches Aufsehen, daß Kellermann kurz nach ihrem Auftritt am Strand von der Bostoner Polizei wegen »unzulässiger Enthüllung« verhaftet wird.

Frauen sind bis zu diesem Zeitpunkt verpflichtet, ihren Körper beim Baden in der Öffentlichkeit vollständig zu verhüllen. Extravagante Seidenkleider mit Korsett und dazu passendem Hut sowie Badeschuhe sind üblich, auch Wolle wird oft als Material verwendet. Immer wieder müssen Damen wegen dieser unzweckmäßigen Bekleidung vor dem Ertrinken gerettet werden, denn die Stoffe wiegen, wenn sie naß werden, meist mehr als die Trägerinnen selbst. Männer dagegen planschen in bequemen Badeanzügen.

Der Skandal ist von Annette Kellermann bewußt inszeniert. Die australische Wettkampfschwimmerin will erreichen, daß Frauen in praktischer Kleidung schwimmen dürfen. Diese Motivation akzeptiert sogar die Polizei, so daß Kellermann ohne Verurteilung davonkommt.

In den folgenden Jahren lockern sich die Kleidervorschriften, und nachdem knapp drei Jahre später, 1910, auch die englische Schwimmerin Gladys Osborne zu einem Wettkampf in einem Anzug ohne Korsett angetreten ist, setzt sich der Badeanzug für Frauen weltweit durch.

Annette Kellermann profitiert von ihrer Verhaftung nicht nur in sportlicher Hinsicht, die Schwimmerin bekommt in den folgenden Jahren Engagements in einer Reihe von Hollywoodfilmen.

Dabei sorgt sie 1916 für einen weiteren Skandal: In dem Film »A Daugther of the Gods« zeigt sie sich als erste Frau vollkommen nackt auf der Leinwand.

»Frauen dürfen nur dann öffentlich baden, falls sie einen Badeanzug tragen, der Brust und Leib an der Vorderseite des Oberkörpers vollständig bedeckt, unter den Armen fest anliegt sowie mit angeschnittenen Beinen und einem Zwickel versehen ist. Der Rückenausschnitt des Badeanzuges darf nicht über das untere Ende der Schulterblätter hinausgehen. Männer dürfen öffentlich baden, falls sie wenigstens eine Badehose tragen, die mit angeschnittenen Beinen und einem Zwickel versehen ist.« *Badepolizeiverordnung des preußischen Innenministeriums von 1932, auch »Zwickelerlaß« genannt*

Nach siegreicher Schlacht segeln im Herbst 1707 fünf englische Kriegsschiffe Richtung Heimat. In der nebligen Nacht können die Matrosen nur ahnen, wo sie sich befinden. Während sich Admiral Shovell noch an der bretonischen Küste wähnt, rammen die Schiffe längst die Felsen vor den englischen Scilly Islands. 1 700 Marinesoldaten sterben, weil die Seefahrer nicht fähig sind, den Längengrad und damit ihre Position zu bestimmen. Englische Kapitäne und Kaufleute fordern ihre Regierung auf, endlich zu handeln. 1714 setzt das Parlament schließlich eine stattliche Prämie aus: 20 000 Pfund soll derjenige erhalten, der eine brauchbare Lösung für das Problem findet.

Theoretisch gibt es zwei Möglichkeiten, den Längengrad zu ermitteln: Zum einen kann man ihn mit Hilfe aufwendiger astronomischer Berechnungen und Sternenbeobachtungen berechnen. Für die andere Methode benötigt man eine sehr genaue Uhr, die die Uhrzeit des Ausgangsortes angibt und so den Vergleich mit der Ortszeit auf See ermöglicht.

Die Mitglieder der Längengradkommission favorisieren den astronomischen Ansatz, denn sie glauben nicht daran, daß es jemals eine Uhr geben wird, die den Anforderungen auf See entspricht. Doch 1735 präsentiert ihnen John Harrison, ein unbekannter Tischler, der sich das Uhrmacherhandwerk selbst beigebracht hat, eine überaus präzise und noch dazu seetaugliche Uhr. Die Kommission will eine mechanische Lösung des Problems allerdings nicht akzeptieren, denn immerhin versuchen schon seit Jahrzehnten die angesehensten Astronomen, das Längengradproblem durch die Beobachtung des Mondes zu lösen – und sie wollen sich keinesfalls von einem Dorftischler vorführen lassen. So entwickelt John Harrison in den folgenden Jahrzehnten immer präzisere Uhren, die stets den Test auf See bestehen. Doch jedesmal findet die Kommission, die über das Preisgeld entscheiden soll, neue Gründe, die Auszahlung zu verhindern. Erst als Harrison sich direkt an den König wendet, lenkt die Längengradkommission ein und zahlt dem Tischler, kurz vor seinem Tod 1776, die verdiente Prämie.

Der Tod des Tycho Brahe

Zwischen den einzelnen Gängen des Festbanketts am Prager Hof des Barons von Rosenberg fingert Tycho Brahe immer wieder einen kleinen Lappen aus seinem Jackenärmel, mit dem er sich die Nase reibt. Vor Jahren, noch in seiner Studienzeit, ist der dänische Astronom mit einem Kommilitonen darüber in Streit geraten, wer der größte Mathematiker der Welt sei. Es folgte eine handfeste Klärung des Konflikts in einem Säbelduell, bei dem Brahe seine Nase einbüßte. Seitdem trägt er eine Prothese aus Gold und Silber im Gesicht. Mit dem kleinen Lappen und einer Metallpolitur hält er das gute Stück sauber.

Genauso penibel achtet der Hofastronom von Kaiser Rudolph II. im Oktober 1601 auf die Einhaltung der Etikette. Wie üblich konsumiert Brahe dabei erhebliche Mengen Alkohol, der 55jährige gilt als ausgesprochen trinkfest. Schon bald verspürt Brahe Druck auf der Blase, doch die Höflichkeit verbietet ihm, die Tafel vor seinem Gastgeber Baron von Rosenberg zu verlassen. So verkneift er sich sein Bedürfnis, und als er endlich zu Hause ankommt, vermag er ihm kaum noch Folge zu leisten.

Noch in der Nacht bekommt der artige Astronom starkes Fieber – durch den starken Druck ist Brahes Blase eingerissen. Ungehindert strömt der zurückgehaltene Harn nun in den Körper des Wissenschaftlers und vergiftet ihn unaufhaltsam. Nach zehn qualvollen Tagen zwischen Ohnmacht und Delirium stirbt Tycho Brahe. Seine letzten Worte lauten: »Ich habe nicht umsonst gelebt.«

Das hat er tatsächlich nicht: Macht doch sein Nachfolger Johannes Kepler die umfassende planetarische Datensammlung Brahes und dessen penible Berechnungen über den Lauf der Sterne zur Grundlage seiner eigenen Arbeit und wird damit zum bekanntesten Astronomen seiner Zeit. Keplers Gegner konstruieren aus diesem Umstand eine Mordtheorie, die besagt, Brahe sei von seinem Nachfolger mit Quecksilber vergiftet worden. Doch eine Obduktion Tycho Brahes Jahrhunderte nach seinem Tod beweist eindeutig, daß der trinkfreudige Astronom lediglich Opfer seiner übertriebenen Höflichkeit wurde.

Zehn weitere seltsame Todesfälle:

1. Der norwegische König Haakon VII. rutschte 1957 auf einem Stück Seife aus und zog sich dabei einen tödlichen Schädelbruch zu.
2. Jean-Baptiste Lully: Der berühmte Barock-Komponist stach sich 1687 beim Dirigieren mit dem Taktstock in den Fuß und verschied an Wundbrand.
3. Kaiser Menelik II. von Äthiopien schwor auf die heilende Wirkung der Bibel, deren Seiten er bei körperlichem Unwohlsein zu essen pflegte. Er starb 1913 nach einem Schlaganfall beim Verzehr des »Buchs der Könige«.
4. Der griechische König Alexander I. starb 1920 nach einem Biß seines Lieblingsaffen an einer Blutvergiftung.
5. Joe Newman, der große Jazztrompeter, verschied 1992 beim Abendessen in einem Restaurant – angeblich an den Folgen eines geplatzten Penisimplantats.
6. Der französische Präsident Félix Faure starb 1899 in einer Kabinettspause während eines Schäferstündchens mit seiner jungen Geliebten Marguerite Steinheil an einem Gehirnschlag, was diese der Legende nach einen Schock erleiden ließ, so daß das Geschlechtsteil des Präsidenten chirurgisch entfernt werden mußte.
7. Ausgerechnet dem Begründer des Stoizismus, dem Philosophen Zenon von Kition, sagt man nach, sich 264 vor Christus aus Ärger über seinen gebrochenen Finger erhängt zu haben.

8. Der Hollywoodschauspieler Albert Dekker strangulierte sich, ein bizarres SM-Outfit tragend, 1968 in seinem Badezimmer. Auf seinen Körper hatte er mit Lippenstift Selbstbeschimpfungen geschrieben.

9. König Otto II. starb 983 vermutlich an einer Überdosis Abführmittel.

10. Der Hollywoodschauspieler Roman Novarro erstickte 1968 an einem Art-Déco-Dildo – ein Geschenk seines verstorbenen Freundes Rudolph Valentino –, der ihm von zwei Einbrechern in den Hals gestoßen wurde.

Als seine Elektrofirma 1932 Konkurs macht, ist Oskar Speck plötzlich einer von mehr als sechs Millionen Arbeitslosen in Deutschland. Da der 25jährige in seinem Heimatland keine Zukunft mehr für sich sieht, kehrt er Deutschland den Rücken. In den Kupferminen von Zypern will Speck versuchen, Arbeit zu finden, und als begeisterter Wassersportler faßt er den waghalsigen Plan, die Strecke dorthin in einem Faltboot zurückzulegen. Oskar Speck baut das kleine Boot so um, daß es ihm genügend Stauraum für sein Reisegepäck bietet, bringt es in Ulm in der Donau zu Wasser und fährt los.

Faltbootfahren ist in den 20er und 30er Jahren eine Massenbewegung. In Rhein und Donau gibt es noch keine Staustufen, die den Wasserstand regeln, so daß man in relativ kurzer Zeit große Strecken zurücklegen kann. Und als Oskar Speck nach einjähriger Reise Zypern erreicht, ist ihm die Lust auf Arbeit in den Kupferminen längst vergangen. Er fährt weiter in Richtung Osten, überquert die Arabische Halbinsel, wird in Persien mehrmals überfallen und legt Zehntausende Kilometer entlang der Küsten zurück. Wo immer er auch an Land geht, werden er und sein Gefährt von den Einwohnern bestaunt. Sein Weg führt ihn um den indischen Subkontinent herum, über Indonesien, Papua-Neuguinea bis nach Australien.

Insgesamt verschleißt Speck auf seiner Reise fünf Boote. Aber der clevere Sportler hat Sponsorenverträge mit deutschen Firmen abgeschlossen, die ihm immer wieder neue Gefährte zur Verfügung stellen.

Als Oskar Speck nach sieben Jahren im September 1939 die australische Küste erreicht, hat er die aktuelle Lage der Weltpolitik nicht im Blick und hißt, obwohl er Deutschland seit langem nicht mehr betreten hat, die Flagge mit dem Hakenkreuz. Daher

verbringt er die nächsten sieben Jahre seines Lebens in Kriegsgefangenschaft.

In dieser Zeit entwickelt Oskar Speck eine Maschine zur Be-
arbeitung von Opalen und Juwelen und verdient mit seiner Erfindung nach dem Krieg in Australien ein Vermögen.

Ein Tal auf dem Mond als Belohnung

Die ehemalige Textilarbeiterin und Technikerin Walentina Tereschkowa ist am hart erkämpften Ziel ihrer Träume angelangt: Am 16. Juni 1963 startet die 26jährige vom russischen Weltraumhafen Baikonur als erste Frau der Geschichte ins Weltall. Ihr Ausflug mit der »Wostock 6«, einer Ein-Mann-Raumfahrtkapsel, in die Erdumlaufbahn soll einen Tag dauern.

Der jungen Kosmonautin wird es jedoch bald ungemütlich in der kugelförmigen Kapsel, die mit einem Durchmesser von 2,40 Meter und einer Länge von knapp 2,20 Meter nicht viel Platz bietet. Obwohl Walentina Tereschkowa eine geübte Fallschirmspringerin ist und in ihrer Ausbildung sorgfältig auf die Schwerelosigkeit vorbereitet wurde, leidet sie schon wenige Stunden nach dem Start an den Folgen der Raumkrankheit: Ihr ist ständig schwindelig, und sie ist furchtbar müde. Ihrer Hauptaufgabe, dem Testen des Orientierungssystems, kann sie in diesem Zustand kaum nachkommen.

Mit ihrer Rückkehr wird Walentina Tereschkowa dennoch zur Volksheldin. Von den sozialistischen Machthabern der Sowjetunion und der DDR wird sie mit Ehrungen und Auszeichnungen überhäuft. Daß ihr Flug aufgrund der fehlenden Tests eigentlich ein Mißerfolg war, bleibt in der Berichterstattung vollkommen unberücksichtigt: Der Lebensweg Walentina Tereschkowas von der Textilarbeiterin zur Kosmonautin eignet sich hervorragend, um ihn propagandistisch für den sowjetischen Arbeiter- und Bauernstaat auszuschlachten. In politischer Hinsicht ist der Ausflug in den Weltraum ohnehin erfolgreich: Erst knapp 20 Jahre nach Tereschkowas Pionierflug in den Kosmos, am 18. Juni 1983, erobert Sally Ride an Bord des »Space Shuttle Challenger« als erste Amerikanerin das All. Die größte Ehre für Walentina Tereschkowa wird ihr im Weltraum selbst zuteil: Ein Tal auf dem Mond ist nach der ersten Frau im All »Tereschkowa« benannt.

Zehn erste Frauen :

1. Lilith war die erste Frau von Adam.
2. Dorothea Erxleben promovierte 1754 als erste Frau in Deutschland in Medizin.
3. Marie Curie erhielt 1903 gemeinsam mit ihrem Mann Pierre Curie als erste Frau den Nobelpreis in Physik für ihre Arbeiten über die Radioaktivität, 1911 wurde ihr als erster Frau der Nobelpreis in Chemie für die Entdeckung der Elemente Radium und Polonium zugesprochen.
4. Margarethe von Wrangell war 1923 die erste ordentliche Professorin an einer deutschen Hochschule.
5. Amelia Earhart flog 1932 als erste Frau über den Atlantik.
6. Marilyn Monroe war Covergirl der ersten *Playboy*-Ausgabe im Jahr 1953.
7. Carmen Thomas moderierte 1973 als erste Frau das »Aktuelle Sportstudio« und ging mit ihrem Versprecher »Schalke 05« in die deutsche Fernsehgeschichte ein.
8. Junko Tabei bezwang 1975 als erste Frau den Mount Everest.
9. Bertha Benz war 1888 die erste Frau am Steuer und zugleich der erste Fahrer eines Automobils, der eine Überlandfahrt wagte.
10. Angela Merkel war 2005 die erste deutsche Bundeskanzlerin.

Als Harriet Tubman ihrem Besitzer entflieht, ist die schwarze Sklavin 29 Jahre alt. Ihr Leben lang hat sie als Waldarbeiterin schuften müssen, daher weiß sie, wie man sich im Wald nahezu lautlos bewegt und mit Nahrung versorgt. Nach jahrelanger Qual kann sie dieses Wissen nun endlich für sich nutzen. Ihren Ehemann und ihre Brüder, die die Flucht nicht wagen, muß Harriet zurücklassen. Ganz allein schafft sie es von Maryland im Süden der USA bis in den sicheren Norden. Ermutigt durch das Gelingen ihrer eigenen Flucht, kehrt sie noch einmal um, schlägt sich bis Baltimore durch und befreit ihre Schwester und deren zwei Kinder. Wieder im Norden, schließt sich Harriet Tubman der »Underground Railroad« an, einer geheimen Organisation, die Sklaven befreit und sie nach Nordamerika und Kanada bringt.

In der Underground Railroad sind nicht nur Schwarze, sondern auch viele Weiße organisiert. Die Kommunikation funktioniert quer durch die ganzen Vereinigten Staaten mittels geheimer Botschaften, die als Gospelsongs von Mund zu Mund gehen. Auch an der Art, wie ein bunt bestickter Quilt scheinbar zum Trocknen auf die Wäscheleine gehängt wird, erkennen die Eingeweihten Hinweise auf Richtungsangaben und Warnungen.

Unter dem Codenamen »Moses« führt Harriet Tubman ab 1849 mehrere Hundert Sklaven aus dem Süden in den Norden, ins »Gelobte Land«. Die kleine, unauffällige Frau ist absolut unerschrocken und bekannt für ihre perfekte Organisation: Nahrung, Kleidung, Medikamente, Verstecke, falsche Pässe – stets ist für alles gesorgt. Schreiende Säuglinge beruhigt Harriet mit einem speziellen Kraut, um die meist nächtlichen Ausbruchsaktionen nicht zu gefährden. Auf ihren 19 geheimen Reisen zwischen Süden und Norden verliert Harriet nicht einen einzigen »Passagier«.

Die Sklavenbesitzer aus den Südstaaten setzen 1851 ein Kopfgeld von 40 000 Dollar auf Harriet Tubman aus, man will sie tot oder lebendig. Für die Sklaven ist Harriet längst zur Ikone geworden. Sie widmen ihr einen Gospelsong, der bis heute die Geschichte der furchtlosen kleinen Frau erzählt: »Go down, Moses«.

Als die Präsidentschaft von James Polk in der Nacht zum 4. März 1849 zu Ende geht, steht Amerika vor einem Problem. Der nächste US-Präsident ist bereits gewählt – doch Zachary Taylor ist ein religiöser Mann, dem der vorgesehene Termin seiner Vereidigung schwer im Magen liegt. Der 4. März ist ein Sonntag. Und Taylor weigert sich schlicht, am Tag des Herrn vereidigt zu werden.

Er wünscht sich seine Ernennung für den folgenden Montag. Man respektiert die religiösen Beweggründe des zukünftigen Präsidenten. Dadurch ergibt sich allerdings ein Zeitraum von 24 Stunden, in dem Amerika ohne präsidiale Führung wäre, denn die Amtszeit von Vizepräsident George Mifflin Dallas endet gemeinsam mit der des scheidenden Präsidenten James Polk ebenfalls am 3. März, pünktlich um Mitternacht. Auch er kommt deshalb als Präsidentenersatz nicht in Frage.

In alten Gesetzesbüchern hofft man, eine Lösung für das Problem zu finden. Der entscheidende Hinweis verbirgt sich in einem Verfassungsartikel vom März 1792, wo es eine eindeutige Regelung für den seltenen Fall gibt, daß sowohl der Präsident als auch sein Stellvertreter gleichzeitig sterben. Das Gesetz benennt eine Alternative, wer dann die Staatsgeschäfte leiten soll: der amtierende Senatspräsident. Der Präsident des amerikanischen Senats im Jahr 1849 ist ein weitgehend unbekannter Mann namens David Rice Atchison. Ohne offizielle Ernennung wird der 42jährige Jurist aus Frogtown, Kentucky, kurzerhand zum 24-Stunden-Präsidenten gemacht – für den Fall der Fälle.

> »Ich war im Bett. Die vorherigen zwei oder drei Tage waren mit den Abschlußarbeiten des Senats sehr anstrengend gewesen, und ich schlief an jenem Sonntag die meiste Zeit.«
> *David Rice Atchison*

Doch es passiert nichts. Atchison zieht weder ins Weiße Haus ein, noch unterschreibt er Gesetze oder Memoranden. Sein Name taucht später auf keiner Präsidentenliste auf, da der verfassungsrechtliche Status seiner Interimsfunktion umstritten bleibt. Nichtsdestotrotz spendet ihm die Stadt Plattsburg in Missouri nach seinem Tod im Jahr 1886 ein monumentales Denkmal mit der Inschrift: »David Rice Atchison. Präsident der Vereinigten Staaten von Amerika für einen Tag.«

II. Der Vater aller Dinge

Das Wunder an der Marne

Im September 1914 wird Frankreich von den deutschen Truppen regelrecht überrannt. Der deutsche General Alexander von Kluck hat mit seiner 1. Armee die französischen Linien von Osten her durchbrochen und steht nun 40 Kilometer vor der französischen Hauptstadt. Lediglich die 6. französische Armee unter General Joseph Maunoury hält den deutschen Vorstoß am Fluß Marne auf. Doch die Franzosen stehen auf verlorenem Posten – wenn nicht bald Verstärkung kommt, werden die Deutschen nach Paris durchbrechen.

In der Hauptstadt ist indes von Panik nicht viel zu spüren. Tausende von Reservisten und beurlaubten Soldaten genießen das bunte Nachtleben der Seine-Metropole. Theater, Oper und Vergnügungsetablissements aller Art lassen die Front weit entfernt erscheinen. Einzig dem Militärgouverneur von Paris, General Joseph Simon Gallieni, ist der Ernst der Lage schmerzhaft bewußt – einer deutschen Belagerung könnte die französische Hauptstadt nicht standhalten. Schon deshalb hat Gallieni großes Interesse daran, den verzweifelten Männern an der Marne zu helfen. Er entschließt sich zu einer ebenso drastischen wie ungewöhnlichen Maßnahme: Er läßt alle Pariser Taxis requirieren und erklärt sie kurzerhand zu Truppentransportern. Den Soldaten wird per Sonderbefehl jeglicher Urlaub gestrichen, die Reservisten werden eingezogen. Auf diese Weise bekommt Gallieni 6000 Mann zusammen, die er in einer Nacht-und-Nebel-Aktion in Taxis pferchen läßt – doch diesmal sind weder die Oper noch das »Maxim's« das Fahrtziel, sondern die Front. So macht sich am 6. September 1914 einer der seltsamsten Truppentransporte der Militärgeschichte auf den Weg: Eine Schlange grüner und roter Renaults bringt General Maunoury und der 6. Armee die erhoffte Verstärkung.

Und tatsächlich gelingt es den französischen Truppen, die Deutschen zum Rückzug zu zwingen. Paris ist gerettet. Die spektakuläre Taxifahrt geht als das »Wunder an der Marne« in die französischen Geschichtsbücher ein.

Als Hiroo Onoda am 26. Dezember 1944 in den Zweiten Weltkrieg geschickt wird, hat er zwei Marschbefehle im Gepäck. Zum einen soll seine Einheit die Insel Lubang, ein kleines Eiland nordwestlich in den Philippinen, verteidigen. Zum anderen hat man dem 23jährigen Japaner eingeschärft, sich unter keinen Umständen zu ergeben.

Doch bereits im Februar 1945 scheitert die Erfüllung des ersten Befehls bei der Landung der Amerikaner auf Lubang, während der Onodas Einheit aufgerieben wird. Hiroo flieht in den Dschungel. Nun will er zumindest den zweiten Marschbefehl erfüllen: Niemals soll ihn der Kriegsgegner in die Finger bekommen. Auch die Kapitulation seines Heimatlandes im August 1945 kann den pflichtbewußten Soldaten nicht davon abbringen – er hält die Nachricht vom Kriegsende für amerikanische Propaganda, versteckt sich weiter in den Wäldern, ernährt sich von Bananen und Kokosnüssen und schießt auf alles, was sich ihm nähert.

In den über dem Dschungel abgeworfenen Nachrichten und Fotos seiner Familie sieht er nichts als Propagandatricks des Feindes. Als unverkennbar die Stimme seines Bruders mittels einer Lautsprecheranlage durch den Dschungel schallt und ihn zur Rückkehr auffordert, fühlt sich Onoda nur noch mehr in seinem Glauben bestätigt, der Feind sei listenreich und gefährlich. Er zieht sich noch tiefer in den Dschungel zurück und wechselt alle drei Tage sein Versteck. Erschwerend kommt hinzu, daß amerikanische und philippinische Militärs die kleine Insel mittlerweile als Manöverplatz entdeckt haben und entfernte Platzpatronensalven Onodas Illusion vom fortdauernden Krieg nähren. Jahrzehntelang schläft er keine Nacht länger als drei Stunden, immer bereit, sich zu verteidigen, falls ihn der Gegner einkreisen sollte.

Im Februar 1974 wagt sich der japanische Student Norio Suzuki in Onodas Dschungel und kann endlich das Vertrauen des inzwischen 54jährigen gewinnen.

Doch zur Aufgabe ist Onoda erst bereit, als Suzuki am 19. März 1974 mit Onodas ehemaligem Vorgesetzten, Major Yoshimi Taniguchi, zurückkehrt. Auf Taniguchi hört Onoda, ihm vertraut er. Als der ehemalige Major seinem früheren Untergebenen den Befehl zur Aufgabe erteilt, ist auch für den pflichtbewußten Soldaten Hiroo Onoda der Krieg vorbei – 30 Jahre nach seinem offiziellen Ende.

Lucky Strikes Farben des Krieges

1940 treten die Vereinigten Staaten in den Zweiten Weltkrieg ein. Davon profitieren nicht nur die Rüstungsbetriebe, auch die Tabakindustrie erlebt einen Aufschwung, denn die GIs sehen mit ihren Kippen im Mund einfach cool aus, und die nichtkämpfende Bevölkerung tut es ihnen gern gleich. George Washington Hill, der Präsident der American Tobacco Industry, hat nur ein Sorgenkind: Die Marke »Lucky Strike« liegt wie Blei in den Regalen. Dabei ist die grüne Schachtel mit dem roten Kreis aufwendig und liebevoll gestaltet. Noch während der Überlegungen, wie man den Luckys zu vernünftigen Verkaufszahlen verhelfen könnte, erreicht Hill eine weitere schlechte Nachricht: Mit Beginn des Krieges ist die Farbe Grün unerschwinglich geworden. Das Militär braucht die Farbe für seine Tarnanstriche – und zwar in riesigen Mengen. Das treibt den Preis nach oben und verteuert die Herstellung der Lucky-Strike-Packungen um ein vielfaches.

Hill wendet sich an Raymond Loewy, einen der bekanntesten Designer Amerikas. Loewy mustert die grüne Schachtel mit dem roten Kreis lange und mit kritischem Blick. Schließlich wendet er sich Hill zu und sagt: »Weiß. Ein roter Kreis auf beiden Seiten. Sonst nichts.« Hill ist enttäuscht, er hatte eine spektakuläre Idee erwartet, und nun das. Doch dann beginnt er zu rechnen: Der Verzicht auf die Farbe und das schlichte Design würden eine Menge Geld sparen, das man in Werbung investieren könnte.

Hill zögert nicht lange und startet eine der bislang größten Marketingkampagnen. Auf Plakaten und im Radio macht Lucky Strike aus dem Farbwechsel seiner Packung einen patriotischen Akt: Der Slogan *»Lucky Strike Green Has Gone to War!«* wird ein durchschlagender Erfolg. Binnen kurzer Zeit gehört Lucky Strike zu den Marktführern, und die schlichte weiße Packung wird zum unverkennbaren Markenzeichen – bis heute.

Bereits kurz nach Ende des Zweiten Weltkriegs macht sich Allen W. Dulles Gedanken über einen möglichen Dritten Weltkrieg. Der spätere Chef der CIA hat dabei vor allem die Sowjetunion als Kriegsgegner im Visier. Im Kampf gegen den Kommunismus sucht der Geheimdienstmann daher nach entsprechend ausgebildeten Verbündeten – und zwar vor allem unter kriegsgefangenen SS-Männern und alten Nazi-Größen. Bei einem Vordringen der Sowjets nach Westeuropa sollen diese neuen CIA-Gefolgsleute Guerillaeinheiten im Hinterland bilden und Sabotageakte verüben.

Zum deutschen Chef der »Stay Behind« genannten Schläferorganisation wird der ehemalige Nazi-Spion und Gründer des Bundesnachrichtendienstes, Reinhard Gehlen, gemacht. Anläßlich des deutschen NATO-Beitritts unterschreibt Konrad Adenauer im Mai 1955 ein Geheimprotokoll, das unter anderem besagt, zugunsten der Ziele von Stay Behind einzelne NS-Größen unmittelbar der NATO zu unterstellen und vor der Verfolgung durch die deutsche Gerichtsbarkeit zu bewahren. Bevorzugt werben Gehlen und der amerikanische Geheimdienst ehemalige Angehörige des alten Reichssicherheitshauptamtes an, die im Nationalsozialismus maßgeblich an der Deportation und Ermordung von Juden beteiligt waren. Während für die Öffentlichkeit eine weltweite Jagd auf die untergetauchten Nazi-Verbrecher inszeniert wird, erfreuen sich die ehemaligen Kommandanten der Vernichtungslager Treblinka und Sobibór, Franz Stangl und Gustav Wagner, dank ihrer Stay-Behind-Kontakte unbehelligt ihrer Freiheit.

In nahezu allen westeuropäischen Ländern entstehen in den nächsten Jahren ähnliche Untergrundnetzwerke, die ein unkontrollierbares Machtpotential entwickeln. In Frankreich nennt sich die Geheimarmee »Glaive«, in Österreich »Schwert« und in der Türkei »Red Sheepskin«. Vor allem die italienische Stay-Behind-Schwesterorganisation »Gladio« greift immer wieder aktiv in die Politik ein. Um den italienischen Kommunismus in der Öffentlichkeit zu diskreditieren, beteiligt sie sich an linksmotivierten Anschlägen und Sabotageakten.

Erst als im Oktober 1990 Italiens Ministerpräsident Giulio Andreotti vor einem Untersuchungsausschuß die Existenz von Gladio bestätigt, werden die geheimen NATO-Organisationen auch in anderen europäischen Ländern untersucht und die unangenehmen Geheimnisse aus der Vergangenheit aufgedeckt.

1949 beherrschen Mao Tse-tung und seine kommunistische Partei ganz China. Chiang Kai-shek, Anführer der »Kuomintang«, der chinesischen Nationalpartei, ist seinem schärfsten Gegner Mao im Bürgerkrieg unterlegen. Er flüchtet mit seinen Truppen nach Taiwan, wo er sich geradezu vergräbt und Präsident der »Republik China auf Taiwan« wird. Zu Taiwan gehört auch die kleine Insel Kinmen, die nur zwei Kilometer vor der chinesischen Küste liegt und nun zu einer Inselfestung, einem antikommunistischen Bollwerk, ausgebaut wird.

Mao Tse-tung betrachtet Taiwan zwar ohnehin als Abtrünnigen, um so mehr schmerzt ihn jedoch die beharrliche Präsenz des Feindes unmittelbar vor der chinesischen Küste. 1958 gibt er den Befehl, Kinmen mit Raketen zu bombardieren. Dieser Angriff sorgt in der Weltgemeinschaft für erhebliche Unruhe. Kinmen wird, ähnlich wie Berlin, zu einem Brennpunkt des Kalten Krieges, denn auch die USA reagieren prompt: Präsident Eisenhower befiehlt die 7. Pazifikflotte in die Region. Kinmen soll auf keinen Fall an die Kommunisten fallen – und erst recht nicht Taiwan.

Mao beugt sich dem Druck der Amerikaner und verzichtet auf eine Invasion. Um dennoch sein Gesicht zu wahren, läßt er zumindest regelmäßig auf die Insel feuern. Die taiwanesische Artillerie schießt tapfer zurück. Die Situation entwickelt sich mehr und mehr zu einer bizarren Kriegsposse: Dienstags, donnerstags und samstags jagt das kommunistische Festland seine Raketen auf die Insel. Montags, mittwochs und freitags schießen die Taiwanesen zurück. Nur sonntags herrscht Ruhe – bis China 1978 in die UN aufgenommen wird und sich mit seinem Säbelrasseln fortan zurückhalten muß. Doch der Konflikt zwischen China und Taiwan schwelt noch heute, lange nach Ende des Kalten Krieges.

Die Barbie-Befreiungsorganisation

Die Zelins leben in Kalifornien und sind eine typische amerikanische Mittelstandsfamilie. Weihnachten ist für sie gleich nach Thanksgiving das wichtigste Fest, und die Zelins sind bemüht, daraus ein friedliches, harmonisches Familientreffen zu machen. Doch der kleine Zachariah macht ihnen einen Strich durch die Rechnung. Der Siebenjährige will unbedingt Soldat werden und wünscht sich möglichst lärmendes Kriegsspielzeug. Schweren Herzens legen ihm die Eltern ein Geschenk unter den Baum, das die martialischen Bedürfnisse ihres Sohnes befriedigen soll: »GI Joe«. Joe ist das männliche Pendant zur Barbie-Puppe, und GI Joe ist eine sprechende Soldatenversion des *all-American Boy*. Der kleine Zachariah ist begeistert – GI Joe sieht mit seinem Kampfanzug und seiner schweren Bewaffnung einfach toll aus.

Doch als GI Joe seine ersten Worte spricht, überrascht er Zachariah: Mit dünner Mädchenstimme beklagt sich Joe, daß Mathematik so schwierig sei und er lieber shoppen ginge. In anderen amerikanischen Wohnzimmern ist die Verwirrung unter dem Weihnachtsbaum unterdessen ähnlich groß, als Barbie-Puppen ausgepackt werden: Mit tiefer Stimme drohen die Blondinen ihren verdutzten kleinen Besitzerinnen mit Rache und einer Ladung Blei.

Kurz darauf wird im Fernsehen ein Bekennervideo der »Barbie-Befreiungsorganisation« gezeigt. Die bisher unbekannte Vereinigung gibt zu, 300 Barbie- und GI-Joe-Puppen gestohlen zu haben. In mühevoller Kleinarbeit haben die Spielzeugguerillas die Sprachmodule ausgetauscht und die geschlechtsspezifisch modifizierten Puppen wieder in den Handel geschleust. Die Barbie-Befreiungsorganisation will mit dieser Operation gegen Geschlechterstereotypen protestieren, die Mädchen zu modesüchtigen Dummchen stilisieren und Jungs einbleuen, nur harte Kerle wären echte Männer. Diese Rollenzuschreibungen seien ein terroristischer Akt der Spielzeugindustrie gegen Kinder. Der Hersteller Mattel spielt die ganze Aktion herunter und betont, daß Barbie und GI Joe die amerikanische Kultur und ihre Werte repräsentierten.

Für Zachariah Zelin kommt die patriotische Gegenwehr zu spät – der ganze Medienrummel hat ihm die Lust auf den Soldatenberuf gründlich verdorben.

Petersilienkrieg

Am 11. Juli 2002 scheint die Sonne, die See ist ruhig. Gute Bedingungen für die zwölf marokkanischen Soldaten, die auf einem Schiff auf dem Mittelmeer vor der Küste ihres Heimatlandes Dienst tun. Die kleine Gruppe hat Glück mit ihrer Mission: Die Männer sollen lediglich auf einer winzigen Mittelmeerinsel namens »Leila« in Stellung gehen. Dort ist es für die Soldaten in ihren Zelten fast schon gemütlich, denn außer ein paar Ziegen lebt hier niemand. Feinde sind weit und breit nicht in Sicht. Noch nicht.

Kaum wird die Landung des marokkanischen Trupps auf Leila im spanischen Außenministerium bekannt, schrillen dort die Alarmglocken. Die Spanier kennen die kleine Insel 200 Meter vor der Küste Marokkos nur zu gut. Sie nennen das öde Eiland »Isla del Perejil«, Petersilieninsel – und zählen es zu ihrem Hoheitsgebiet. Die Besetzung auf Befehl des marokkanischen Königs Mohammed VI. ist ein offener Affront. Madrid fordert den sofortigen Abzug der Marokkaner, doch Mohammed VI. bleibt stur. Schon seit dem Ende der Kolonialherrschaft fordert Marokko die Übergabe der Städte Ceuta und Melilla, die zu Spanien gehören, obwohl sie auf der afrikanischen Seite des Mittelmeeres liegen. Bisher weigert sich Madrid allerdings, über eine Übergabe seiner Exklaven auch nur zu verhandeln.

Derweil droht der Streit um Leila zu eskalieren: Fünf spanische Kriegsschiffe liegen inzwischen in der Straße von Gibraltar vor Anker und haben die Petersilieninsel im Visier. In den Reihen der EU und der NATO versucht man unterdessen, die Streithähne zu einer friedlichen Beilegung des »Petersilienkriegs« zu bewegen.

Sechs Tage nach Besetzung der Insel reißt der spanischen Regierung jedoch der Geduldsfaden: Sie läßt die Insel mit Gewalt zurückerobern. Am Morgen des 17. Juli 2002 springen schwerbewaffnete spanische Soldaten aus Kampfhubschraubern und nehmen Perejil wieder in spanischen Besitz. Es gibt weder Tote noch Verletzte, allerdings reagiert Mohammed VI. ausgesprochen verärgert: Zwischen Rabat und Madrid werden alle diplomatischen Beziehungen abgebrochen, es herrscht eisiges Schweigen. Erst drei Monate später gelingt es US-Außenminister Colin Powell in geduldigen Telefongesprächen, die Widersacher zu versöhnen.

Der Petersilienkrieg ist damit beendet, die Felseninsel wird wieder voll und ganz den Ziegen überlassen. Wem der Grund und Boden gehört, auf dem sie ihr spärliches Futter zusammensuchen, bleibt weiterhin offen.

Das Zenit-Stadion in Kiew ist am 9. August 1942 bis auf den letzten Platz gefüllt. Zwischen Zehntausenden ukrainischen Fußballfans patrouillieren deutsche Soldaten und Angehörige der SS mit Schäferhunden. Auf dem Spielfeld stehen sich eine Elf der deutsche Luftwaffe namens Adler und die FC Start getaufte Betriebsmannschaft einer ortsansässigen Brotfabrik gegenüber.

Es ist alles andere als ein normales Fußballspiel, das der Schiedsrichter an diesem Nachmittag mitten im Zweiten Weltkrieg anpfeift. Nur wenige Tage zuvor sind sich die beiden Mannschaften schon einmal begegnet, und das eindeutige Ergebnis lautete 5:1 für die ukrainischen Bäcker. Diese Demütigung soll sich nicht noch einmal wiederholen. Schon vor dem Anstoß tun die deutschen Besatzer alles ihnen Mögliche für die Niederlage der Ukrainer. Der Schiedsrichter, ein hochgewachsener, kahlköpfiger SS-Mann, wird in die Kabine der Ukrainer geschickt, um ihnen klarzumachen, wie wenig ein erneuter Sieg der Betriebsmannschaft erwünscht ist. Statt dessen soll die Überlegenheit der Deutschen gegenüber den Ukrainern mit einem eindeutigen Sieg demonstriert werden, und dafür ist den Luftwaffen-Fußballern nahezu jedes Mittel recht. Was die Deutschen allerdings nicht wissen: Die gegnerische Mannschaft setzt sich aus ehemaligen Top-Spielern von Dynamo Kiew zusammen, die der Leiter des Brot-Kombinats zum Schutz vor Repressalien in seiner Fabrik unterbrachte, nachdem die Deutschen die Ukraine ein knappes Jahr zuvor besetzt haben.

Wie sich bereits kurz nach dem Anpfiff zeigt, hat die deutsche Elf auch diesmal keine Chance gegen die ehemaligen Dynamo-Spieler. Der FC Start hat sich durch die Kabinenansprache des SS-Schiedsrichters nicht einschüchtern lassen. Mit sowjetroten Trikots, die Torhüter Trusewitsch besorgt hat, laufen die

Spieler ein und spielen ihren Gegner in Grund und Boden. Was als Demonstration deutscher Überlegenheit gedacht war, wird zur erneuten Demütigung der Besatzer. Beim Stand von 5:3 für den FC Start bricht der SS-Schiedsrichter das ungleiche Spiel ab.

Wenige Tage später werden die Dynamo-Spieler von den Deutschen verhaftet und ins Konzentrationslager Syrez nahe Kiew verschleppt. Vier von ihnen überleben die Folgen ihres Sieges nicht.

Operation Vegetarian

Im Dezember 1941 zeigen Agenten des britischen Verteidigungs-
ministeriums auffälliges Interesse an einer kleinen Insel vor der
Küste Schottlands: Gruinard Island ist zwei Kilometer lang und
einen Kilometer breit. Die letzten Bewohner haben das felsige
Eiland, das einer gewissen Mrs. Maitland gehört, bereits ein Jahrhundert zuvor verlassen, einzig ein Schäfer und seine Herde genießen noch die ungestörte Einsamkeit auf Gruinard Island. Ideale Voraussetzungen für die »Operation Vegetarian«, denkt sich
Dr. Paul Fildes. Fildes ist Direktor einer biologischen Forschungsabteilung des britischen Militärs in Porton Down.

Sein Auftrag ist es, die Tauglichkeit von Milzbranderregern
als Waffe im Kampf gegen die nationalsozialistische Diktatur
in Deutschland zu testen. Bei der streng geheimen Operation
Vegetarian soll verseuchtes Viehfutter mittels umgebauter Bom-
ber der Royal Air Force über Deutschland abgeworfen werden,
fünf Millionen sogenannter »Anthrax-Rinderkuchen« sollen die
Fleisch- und Viehwirtschaft zwischen Hannover und Oldenburg
auslöschen und somit das Ende des Krieges beschleunigen.

Im Sommer 1942 beginnt die Testphase auf Gruinard Island.
Der Schäfer wird von der Insel evakuiert, die Besitzerin Mrs.
Maitland mit 500 Pfund Enteignungsvergütung abgefunden.
Anschließend wird Gruinard Island samt seinen 60 Schafen mit
Milzbranderregern aus Dr. Fildes' Frankenstein-Labor konta-
miniert. Doch entgegen allen Voraussagen des Wissenschaftlers
überlebt der gefährliche Erreger weit länger als angekündigt –
die Insel bleibt nach Fildes' bizarren Versuchen jahrzehntelang
verseucht. Zudem grassieren in den umliegenden Küstenregio-
nen immer wieder unerklärliche Milzbrandepidemien. Endgültig wird die Operation Vegetarian jedoch erst nach Landung der
Alliierten an der Atlantikküste im Juni 1944 eingestellt, mit der

den Briten der Einsatz biologischer Waffen in Deutschland nicht länger notwendig erscheint. Nichtsdestotrotz bleibt die schottische Insel bis ins Jahr 1986 verseucht.

Erst als sich Ende der 80er Jahre zunehmend öffentlicher Protest gegen die alte Kriegshinterlassenschaft regt, sieht sich die Regierung zum Handeln gezwungen. Mit Hilfe von 2500 Tonnen einer Formaldehydlösung wird Gruinard Island dekontaminiert und den Erben der enteigneten Besitzerin 1990 zurückgegeben. Außer ein paar Schafen traut allerdings niemand dem Frieden: Die Insel bleibt weiter unbewohnt.

Inseln, auf denen Atomtests
durchgeführt wurden:

– Bikini
– Mururoa
– Fangataufa
– Eniwetok
– Johnston Island
– Weihnachtsinseln
– Malden

Der Jenkins-Ohrenkrieg

Der Auftritt von Robert Jenkins vor dem englischen Parlament im März 1738 könnte spektakulärer kaum sein. Wutentbrannt stürmt der Kapitän der englischen Brigg »Rebecca« in den Saal und präsentiert den verblüfften Parlamentariern sein in Alkohol eingelegtes Ohr. Sieben Jahre zuvor sei es ihm vom Kapitän eines spanischen Küstenwachschiffs in der Karibischen See abgeschlagen und bisher nicht gerächt worden, berichtet der vor Zorn bebende Jenkins.

Nach seinem Bericht ist die Empörung im Parlament groß. Der Auftritt des gedemütigten Kapitäns verstärkt die ohnehin spanienfeindliche Stimmung in England. Vor allem die Karibik und Mittelamerika sind in den letzten Jahrzehnten zum Zankapfel zwischen den führenden Seemächten Europas geworden. Während die Spanier den Überseehandel von Bodenschätzen kontrollieren, hat die englische »South Sea Company« das Recht zugesprochen bekommen, Sklaven aus Süd- und Mittelamerika zu exportieren. Doch der Menschenhandel allein reicht den Engländern nicht. Immer wieder versuchen sie, Gold und Silber zu schmuggeln, wobei sie regelmäßig von den Spaniern erwischt werden. Und die sind bei ihren Kontrollen vor der karibischen Küste nicht gerade zimperlich – wie das abgeschlagene Ohr von Robert Jenkins beweist.

Jenkins' Widersacher, der Kapitän des spanischen Küstenwachschiffs, Juan de León Fandiño, ist für sein rabiates Vorgehen berüchtigt. Doch ihn persönlich können die Engländer für sein Vergehen kaum haftbar machen. Robert Jenkins indes besteht auf Wiedergutmachung für die sieben Jahre zuvor erlittene Demütigung.

Nach seinem Auftritt vor dem Parlament spitzt sich die Lage weiter zu. Der englische Premierminister Robert Walpole wird von Parlament und Öffentlichkeit gedrängt, Spanien endlich den Krieg zu erklären – und gibt am 19. Oktober 1739 nach: Drei Jahre dauern die Gefechte in der Karibik, an deren Ende es weder einen Sieger noch einen Verlierer gibt. Nur Kapitän Robert Jenkins, der es inzwischen zum Volkshelden gebracht hat, darf sich anschließend rühmen, daß nach seinem rechten Ohr ein ganzer Krieg benannt wurde: der Jenkins-Ohrenkrieg.

Im September 1950 erregt die *Miami Daily News* mit einem Bericht weltweites Aufsehen. Die chinesische Bevölkerung werde, heißt es darin, durch Gehirnwäsche in die kommunistische Partei gezwungen. Zahlreiche Artikel und Bücher befassen sich fortan mit dem Thema »Brain-Washing«. Als prominentestes Beispiel für eine solche Umpolung wird damals der Schauprozeß gegen den ungarischen Kardinal József Mindszenty im Februar 1949 genannt, der nach wochenlanger Folter und unter Drogeneinfluß willenlos Schuldgeständnisse unterschrieb.

Und auch im Koreakrieg läuft eine ungewöhnlich hohe Anzahl amerikanischer Soldaten, die in Gefangenschaft geraten sind, scheinbar freiwillig zum Gegner über.

Im April 1953 spricht der Direktor des CIA, Allen W. Dulles, vom »Kampf um die Köpfe der Menschen«. Dieser werde zwischen den USA und der Sowjetunion entschieden, und um gewappnet zu sein, müßten die USA Mittel der psychologischen Kriegsführung entwickeln. Dulles ruft zu diesem Zweck das Geheimprojekt »MK ULTRA« ins Leben.

Noch im selben Jahr fordern die Experimente des CIA ihr erstes Opfer: Dem Biochemiker und Armeeangehörigen Frank Olson wird ohne sein Wissen die Droge LSD verabreicht, woraufhin er in psychoseartige Zustände gerät. Die nächsten Tage verbringt er mit dem CIA-Mitarbeiter Robert Lashbrook in einem New Yorker Hotel an der Seventh Avenue. Am frühen Abend des 28. November 1953 besucht ein Arzt Olson und verabreicht ihm zur Beruhigung ein Barbiturat und ein Glas Bourbon. Als der CIA-Agent gegen Mitternacht aufwacht, sieht er ihn in der Mitte des Raumes stehen. Verwundert spricht Lashbrook Olson an, aber der antwortet nicht. Statt dessen rennt er los und springt durch das Fenster. Frank Olson fällt 13 Stockwerke tief.

Im Zuge des Watergate-Skandals kommen die Geheimversuche der CIA schließlich ans Licht, wobei Olsons offizielle Todesursache »Selbstmord« umstritten bleibt. In den 70er Jahren entschuldigen sich Präsident Ford und der amtierende CIA-Direktor bei der Familie von Frank Olson. Eric Olson, sein Sohn, versucht bis heute, die ganze Wahrheit über den Tod seines Vaters ans Licht zu bringen (www.frankolsonproject.org).

Eigentlich ist Berwick-upon-Tweed ein verschlafenes kleines Nest mit 11 000 Seelen an der nordenglischen Küste. Doch im Jahr 1966 herrscht vor dem Rathaus plötzlich ungewöhnlicher Aufruhr: Polizisten sichern den Platz ab, schwarze Limousinen fahren vor, Politiker und ihre breitschultrigen Leibwächter steigen aus – das Küstenstädtchen empfängt hohen Besuch aus der Sowjetunion. Bürgermeister Robert Knox eilt den Kreml-Gesandten entgegen, es geht um nicht weniger als den Friedensschluß mit Moskau. Denn offiziell liegt das kleine Berwick-upon-Tweed noch im Krieg mit der Weltmacht hinter dem Eisernen Vorhang. Schon seit 1854 sind sich das gesamte russische Volk und die Handvoll Nordengländer spinnefeind – nur wußte das bislang keiner, am wenigsten die Betroffenen.

Schuld an diesen diplomatischen Wirrungen ist die geographische Lage Berwick-upon-Tweeds. Das Städtchen fiel immer unter englische Administration, geographisch gesehen, liegt es jedoch auf der nördlichen und damit schottischen Seite des Flusses Tweed. Deshalb hat Königin Viktoria 1854 ihre Kriegserklärung an Rußland mit »Viktoria, Königin von Großbritannien, Irland, Berwick-upon-Tweed und allen britischen Besitzungen« unterzeichnet. So begann der Krimkrieg, in dem die Briten bekanntlich keine gute Figur machten, weshalb sie sich lieber beeilten, 1856 den Friedensvertrag zu unterschreiben – und dabei prompt vergaßen, Berwick-upon-Tweed zu erwähnen. Die nächsten 113 Jahre lag das Städtchen also mit Rußland im Krieg, bis zu jenem denkwürdigen Tag im Jahr 1966, als endlich Frieden geschlossen werden soll. Bürgermeister Knox läßt der russischen Bevölkerung noch eine Nachricht durch den sowjetischen Gesandten überbringen: »Bitte teilen Sie dem russischen Volk mit, daß es ab jetzt ruhig in seinen Betten schlafen kann.«

Doch, wie Experten des internationalen Rechts bald bemerken, hat Knox mit dem Klärungsversuch seine Kompetenzen überschritten, da er nicht als legitimer Rechtsnachfolger von Königin Viktoria auftreten kann. Seine Unterschrift unter dem Friedensvertrag ist somit ungültig – und der Krieg zwischen der kleinen Stadt und der Weltmacht geht weiter.

III. Tüchtige Körper

Der Tod des Fitness-Gurus

Der 20. Juli 1984 ist ein sonniger Tag. Bestes Laufwetter, wie Jim F. Fixx sofort erkennt. Für den 52jährigen Amerikaner ist Laufen mehr als nur ein Hobby, die Bewegung auf zwei Beinen hat ihn reich gemacht.

Als der New Yorker Journalist und Lohnschreiber für *Life* und *Playboy* Ende der 60er Jahre mit dem Laufen beginnt, um überflüssige Pfunde zu verlieren, leidet er noch unter den typischen Berufskrankheiten seiner Zunft: Er kann an keinem Büffet vorbeigehen und hat immer einen Glimmstengel im Mund. Mit 35 wiegt er über 100 Kilo und raucht zwei Päckchen Zigaretten am Tag. Um dem Schicksal seines Vaters zu entgehen, der im Alter von nur 42 Jahren an einem Herzinfarkt gestorben ist, ändert Fixx seine Lebensgewohnheiten radikal: Er gibt das Rauchen auf und beginnt, um sein Leben zu laufen.

Nachdem er die ersten Artikel über seine Radikalkur veröffentlicht hat, gilt er bald als Erneuerer und Guru der Laufbewegung. Den verstaubten Begriff »Dauerlauf« ersetzt Fixx in den 70er Jahren durch eine neue Wortschöpfung, die schon bald ihren Siegeszug um die Welt antritt: »Jogging«. Millionen Amerikaner heften sich an Fixx' Fersen und joggen mit. Sein 1977 erscheinender Bestseller »Das komplette Buch vom Laufen« geht öfter über die Ladentheke als jedes andere Sachbuch zuvor. Fixx verspricht darin ein langes Leben durch Jogging. »Lauf dem Herzinfarkt einfach davon!« lautet sein simples Credo.

An jenem sonnigen 20. Juli 1984 schnürt Jim Fixx nun seine Joggingschuhe das letzte Mal. Es soll ein entspannter Vier-Meilen-Lauf rund um sein Ferienhaus in Hardwick, Vermont, werden. Doch bereits nach wenigen Metern verspürt der Laufpapst einen stechenden Schmerz in der Brust. Rund 40 Meter nördlich des Village Motels bricht Jim Fixx auf einer einsamen Landstraße zusammen. Er stirbt noch an Ort und Stelle – an einem Herzinfarkt.

»Laufen ist Leben, alles andere ist Warten.«
James F. Fixx

Die Obduktion des Jogging-Erfinders ergibt später, daß seine drei Hauptarterien zu großen Teilen, eine sogar fast vollständig verstopft waren. Seine Anhänger schwören, daß Jim Fixx, wenn er seinen vorherigen Lebenswandel beibehalten hätte, noch nicht einmal das Lebensalter seines Vaters erreicht hätte. Laufmuffel hingegen behaupten, daß Fixx heute noch leben könnte, hätte er nur nie mit dem Laufen angefangen.

Als Schiedsrichter Kenneth Aston am 2. Juni in Santiago das Vorrundenspiel der Weltmeisterschaft von 1962 zwischen Gastgeberland Chile und Italien anpfeift, ahnt er noch nicht, welcher Alptraum damit beginnt. Die Spieler gehen aufeinander los, als stünden ihre Länder miteinander im Krieg. Es wird nach allem getreten, was sich bewegt. Trauriger Höhepunkt ist ein Fausthieb des Chilenen Leonel Sanchez, der dem Italiener Humberto Maschino das Nasenbein zertrümmert. Schiedsrichter Aston stellt in der »Schlacht von Santiago« zwar zwei Italiener vom Platz, läßt die Chilenen jedoch ungestraft. Die Partie ist dem Engländer völlig entglitten, und der Weltfußballverband FIFA reagiert darauf nur halbherzig: Aston soll zwar nie wieder ein Länderspiel pfeifen, wird im Gegenzug aber zum Schiedsrichter-Beauftragten bei WM-Turnieren ernannt – eine Entscheidung mit weitreichenden Folgen.

Bei der nächsten WM in England 1966 wird dem Briten erneut bewußt, in was für einem Dilemma sich die Unparteiischen auf dem internationalen Rasen befinden: Im Spiel zwischen Argentinien und England versucht Schiedsrichter Rudolf Kreitlein vergeblich, den Argentinier Antonio Rattin des Platzes zu verweisen. Der Spieler versteht den Deutschen einfach nicht. In seiner Not läßt Kreitlein den Kapitän der Südamerikaner von zwei Bobbys vom Feld führen. Als Kenneth Aston am Morgen danach im Radio hört, wie die Brüder Bobby und Jack Charlton aus der englischen Nationalmannschaft behaupten, sie hätten erst aus der Zeitung erfahren, daß Kreitlein auch sie verwarnt habe, wird ihm eines klar: So geht es nicht weiter, er muß handeln!

Der Brite grübelt lange über das Verständigungsproblem nach, kommt aber zu keinem Ergebnis. Schließlich macht er sich mit dem Auto auf ins Büro der FIFA. Doch im dichten Londoner Verkehr geht es nur langsam voran. Alle paar Meter muß Aston vor einer Ampel stoppen. Beim Anblick der roten und gelben Lichter fällt ihm die Lösung dann wie Schuppen von den Augen.

Nach der WM 1966 beginnt die FIFA, Astons Idee von roten und gelben Verwarnungskartons zu testen. Und siehe da: Die Spieler sämtlicher Nationen verstehen die Sprache der Farben. In Mexiko 1970 werden die bunten Karten schließlich erstmals bei einer WM eingesetzt.

Völlig entkräftet biegt Dorando Pietri am 24. Juli 1908 in das neuerbaute White City Stadium von London ein. 42 lange Kilometer hat er sich nun schon gequält, zwei Kilometer mehr als bisher üblich. Für die Überlänge des Marathons bei den Olympischen Spielen 1908 ist Queen Alexandra verantwortlich. Die Gattin von König Edward VII. hat darauf gedrängt, den Start vor das Stadtschloß der Windsors zu verlegen, um ihren Enkeln optimale Sicht zu bieten.

Für den 22jährigen Dorando Pietri erweist sich die Erfüllung von Queen Alexandras Wunsch als regelrechte Katastrophe: Mehrfach bricht der Führende auf der Schlußrunde im Stadion zusammen. Immer wieder strauchelt er, kommt zu Fall, rappelt sich wieder auf und stürzt erneut. Denn selbst nach 42 Kilometern ist für den vollkommen erschöpften Zuckerbäcker aus dem italienischen Carpi noch nicht Schluß – weitere 195 Meter liegen vor ihm, da das Ziel unter die Ehrentribüne der Royals verlegt wurde. Mehr als neun Minuten braucht Pietri für diese letzten Meter. Ein noch größeres Drama zeichnet sich ab, als der erste Verfolger, der Amerikaner John Hayes, im Stadion auftaucht. Das Publikum bangt um den Sieg des kämpfenden Italieners und feuert ihn lautstark an. Auch Rennorganisator Jack Andrew und Rennarzt Dr. Michael J. Bulger können das Unglück kaum noch mit ansehen. Sie packen den völlig erschöpften Pietri unter den Armen und schleppen ihn ins Ziel. Doch ihre barmherzige Geste wird dem Italiener noch am selben Abend zum Verhängnis: Da Pietri die Ziellinie nicht ohne fremde Hilfe überquert hat, wird er disqualifiziert und statt seiner John Hayes zum Sieger gekürt.

Für die Öffentlichkeit bleibt jedoch Dorando Pietri der wahre Sieger des Laufes. Sherlock-Holmes-Erfinder Arthur Conan

Doyle, der das Spektakel im Stadion verfolgt hat, schreibt am nächsten Tag über den tragischen Helden: »Kein Römer der alten Zeit hielt sich besser als Dorando.« Der kleine Italiener wird mit Spenden überhäuft, der berühmte Komponist Irving Berlin schreibt später einen Song über ihn, und sogar die Queen honoriert seine Leistung mit einem extra Pokal. Doch Ruhm und Geld sind für Dorando Pietri nicht genug – er will eine sportliche Revanche, und er bekommt sie: Vier Monate später läßt er John Hayes bei einem Marathonrennen in New York rund 40 Sekunden hinter sich.

Die verlängerte Strecke, die dem Italiener an jenem 24. Juli 1908 zum Verhängnis wurde, wird 13 Jahre später zur offiziellen Marathondistanz erklärt. Eine Tatsache, dem manch britischer Marathonläufer seither beim Überschreiten der 40-Kilometer-Linie mit einem bitteren »God save the Queen!«-Seufzer Tribut zollt.

Das tödliche Eigentor

In Medellín ist es heiß, als Andrés Escobar an diesem Sommertag durch die Straßen schlendert. Der Fußballprofi sucht Ablenkung. Seit gut zehn Tagen findet er keine Ruhe mehr, in seinem Kopf rumort es. Ein paar hundert Kilometer nördlich der kolumbianischen Stadt werden an diesem 2. Juli gerade die beiden ersten Achtelfinalspiele der Fußballweltmeisterschaft von 1994 ausgetragen. Doch Escobar will von den Partien nichts hören. Er möchte am liebsten gar nicht mehr an die WM erinnert werden. Fußball macht ihm derzeit keinen Spaß.

Ausgerechnet ein Eigentor von Escobar hat im zweiten Gruppenspiel gegen den Gastgeber USA das WM-Aus der Südamerikaner eingeläutet. Viele seiner Landsleute haben das nicht verkraftet und machen allein den 27 Jahre jungen Verteidiger für die Misere verantwortlich – auch die kolumbianische Mafia, die mit dem frühen Ausscheiden der kolumbianischen Auswahl viel Geld verloren hat. Die Drogenbosse sinnen auf Rache.

Als Escobar vor einer Bar stehenbleibt, kommt plötzlich ein Mann auf ihn zu. Escobar bleibt verdutzt stehen und sieht, wie Humberto Muñoz Castro, dem er nie zuvor begegnet ist, eine Pistole hebt. Ohne Vorwarnung beginnt der junge Chilene zu schießen. Zwölfmal drückt der Täter ab, zu jedem Schuß ruft er »Goal!«, das englische Wort für »Tor«, mit dem man auch in Südamerika nach einem Treffer jubelt. Escobar stirbt auf offener Straße.

Als der feige Mord bekannt wird, reagiert die Welt entsetzt. Niemand hat mit einer solchen Tat gerechnet. Vor allem die Spieler der verbliebenen Mannschaften im WM-Turnier sind zunächst wie gelähmt, schließlich protestieren die Teams öffentlich gegen die sinnlose Gewalt.

Andrés Escobars Mörder wird gefaßt und zu 43 Jahren Gefängnis verurteilt, 2005 aber begnadigt. Daß er im Auftrag des organisierten Verbrechens getötet hat, bleibt unbewiesen, gilt bei den Ermittlern aber als sehr wahrscheinlich.

Die kolumbianische Mafia scheint bis heute nicht einsehen zu wollen, daß Fußball eigentlich »nur« ein Spiel ist: Nach dem Mord an Andrés Escobar werden bis 2006 fast in jedem Jahr Fußballprofis erschossen, darunter vier weitere Nationalspieler Kolumbiens.

Der Boxer, der sich verprügeln ließ

Das Publikum in der Kreuzberger Bockbrauerei am Tempelhofer Berg tobt. Wenige Monate nach Machtantritt der Nazis hat der Hannoveraner Johann Trollmann den Kieler Adolf Witt im Kampf um die Deutsche Boxmeisterschaft klar besiegt. Trollmann trägt keine Schramme im Gesicht. Der Publikumsliebling und Frauenschwarm hat seinen Gegner am 9. Juni 1933 nach allen Regeln der Boxkunst ausgetänzelt und mit präzis gesetzten Treffern gedemütigt.

Als ihm der Siegerkranz um den Hals gelegt wird, fließen bei »Rukelie«, wie Trollmann von seinen Fans genannt wird, Freudentränen. Er fühlt sich am Ziel seiner Träume. Doch seine Freude währt nicht lange. Vier Tage nach dem Kampf bekommt Trollmann Post vom nationalsozialistisch geführten deutschen Boxverband. Der Meistertitel wird dem 26jährigen wegen »armseligen Verhaltens« und »undeutschen Kämpfens« aberkannt. Trollmann weiß, was dahinter steht: Er ist Sinto, und sein Erfolg paßt nicht ins Weltbild der Nazis.

Trotzdem steigt Trollmann sechs Wochen später wieder in den Ring. Unter der bizarren Auflage »zu kämpfen wie ein Deutscher« hat ihm der NS-Boxverband einen Fight gegen den späteren Europameister Gustav Eder gewährt. Mit viel Zivilcourage inszeniert Trollmann das Gebot als Posse: Als Karikatur eines Ariers, die Haare wasserstoffblond gefärbt, den Körper mit Mehl bestäubt, betritt er den Ring. Ohne sich zu wehren, läßt er sich fünf Runden lang von Eder verprügeln, bis er zusammenbricht. Es soll Trollmanns letzter großer Kampf bleiben – 1942 wird er verhaftet und ins KZ Neuengamme bei Hamburg verschleppt. Als die Wachmannschaften erfahren, wer der neue Häftling ist, machen sie sich einen Spaß daraus, den ehemaligen Boxer besonders zu quälen. Trollmann bekommt immer wieder Boxhandschuhe übergezogen und muß sich von den SS-Männern verprügeln lassen. Für jeden Niederschlag, den er über sich ergehen läßt, bekommt er etwas zu essen. Am 9. April 1943 wird Johann »Rukelie« Trollmann morgens um sechs Uhr von den Wachmannschaften erschossen. Als offizielle Todesursache wird »Kreislaufschwäche« angegeben.

Erst im Jahr 2003, 60 Jahre nach seiner Ermordung, ringt sich der Bund Deutscher Berufsboxer zu einer Rehabilitierung Trollmanns durch und erklärt ihn posthum zum Deutschen Meister im Halbschwergewicht des Jahres 1933.

Historische Duelle im Ring:

1. Joe Edwards, alias Joe Maschke aus Neukölln, trat 1907 gegen den Jiu-Jiutsu-Meister Edmond Vary an. Alle Versuche Varys, den Boxer mit schnellen Purzelbäumen und im Krebsgang zu attackieren, endeten mit einem Faustschlag mitten in sein Gesicht. Edwards gewann, und sein Sieg machte das Boxen in Deutschland populär.
2. Mike Tyson sah 1997 in einem Kampf gegen Evander Holyfield seine Felle davonschwimmen – schließlich verlor er ganz die Nerven und biß seinem Gegner ein Stück Ohr ab.
3. Der kleine, untersetzte Schauspieler Fritz Kortner nahm in den 20er Jahren Boxunterricht bei Max Schmeling, um sich für eine Prügelszene auf der Bühne zu wappnen – er sollte gegen den blonden Hünen Hans Albers antreten, und die beiden konnten sich nicht ausstehen.
4. »Ich hau dem Bubi dat Filmjesech kapott«, drohte Peter »De Aap« Müller 1957. Sein Gegner Gustav »Bubi« Scholz hatte eine schwere Tuberkulose hinter sich, und niemand glaubte an sein erfolgreiches Comeback. Doch Bubi schlug Müller in der dritten Runde k. o. und wurde Deutscher Meister im Mittelgewicht.

5. Da er Sport als Grundlage geistigen Schaffens begriff, forderte der Schriftsteller Frank Thieß 1926: »Dichter sollten boxen.« Die Künstler John Heartfield und George Grosz nahmen sich das zu Herzen – unbekannt ist bis heute das Ergebnis ihrer Kämpfe.

Eine Meisterschaft ohne Meister

Es ist die triumphalste und zugleich die bitterste Stunde in der Vereinsgeschichte des Hamburger SV: Im Spätsommer 1922 hat der Verein erstmals die deutsche Fußballmeisterschaft errungen. Doch als die Offiziellen des HSV kurz darauf vor die Presse treten, verkünden sie schweren Herzens den Verzicht auf den Titel. Sie ziehen damit die Konsequenz aus den kuriosen Umständen des Titelgewinns.

Knapp zwei Monate zuvor stand der HSV im Berliner Grunewaldstadion dem 1. FC Nürnberg im Endspiel um die Meisterschaft gegenüber. Der »Club«, wie er von seinen fränkischen Anhängern genannt wird, gilt seinem ungarischen Trainer Peter Szabo zwar als klarer Favorit, wider Erwarten hält der HSV jedoch gut mit: Nach 90 Minuten steht es 2:2. Auch nach 30 Minuten Verlängerung bleibt der Spielstand unentschieden. Erneut wird verlängert, diesmal um zweimal zehn Minuten – noch immer hat die Partie keinen Sieger. Das Reglement schreibt für diesen Fall vor, daß das nächste Tor die Entscheidung bringt. Aber das will einfach nicht fallen. Die hochsommerlichen Temperaturen fordern mittlerweile ihren Tribut: Insgesamt 19mal eilen die Sanitäter auf den Platz, sogar Schiedsrichter Peco Bauwens bricht mit einem Wadenkrampf zusammen. Nach über drei Stunden beendet er die Partie beim unveränderten Spielstand von 2:2.

Sieben Wochen später folgt die Neuauflage des Endspiels in Leipzig, und den Zuschauern bietet sich erneut ein spannendes Schauspiel: Der Club geht in Führung, doch der HSV gleicht durch Karl Schneider aus. Wieder geht die Begegnung in die Verlängerung. Schließlich verletzen sich zwei Nürnberger Spieler so schwer, daß sie nicht mehr weiterspielen können. Die Möglichkeit, neue Spieler einzuwechseln, gibt es damals noch nicht, und der Club hat bereits zwei Akteure durch Platzverweis verloren.

Schiedsrichter Bauwens erscheint das Kräfteverhältnis damit unausgeglichen, er bricht die Partie ab und erklärt den HSV zum deutschen Meister.

Seine Entscheidung läßt die Emotionen hochschlagen. Nürnberg fordert ein drittes Finalspiel, der HSV lehnt jedoch ab. Doch die Hamburger haben selbst kein gutes Gefühl mit ihrem Sieg und verzichten schließlich auf den Titel. So bleibt das Jahr 1922 ohne Gewinner der deutschen Meisterschaft. Bis heute behaupten eingefleischte HSVler, der DFB habe den Verein zum Verzicht auf den Titel gedrängt, was allerdings nie ganz geklärt werden konnte.

Das Fahrrad des Cassius Clay

Der kleine Cassius Clay ist glücklich, als er an einem Oktobernachmittag im Jahr 1954 zum Columbus Auditorium in seiner Heimatstadt Louisville, Kentucky radelt. Gemeinsam mit seinem besten Freund Johnny will er sich hier auf einem Basar vergnügen, bei dem es kostenloses Eis und Popcorn gibt. Weil der Weg für ihn bisher zu weit war, mußte er lange Zeit auf diesen Spaß verzichten. Doch vor kurzem hat er ein nagelneues rot-weißes Fahrrad geschenkt bekommen, mit dem er nun regelmäßig zum Columbus Auditorium fahren kann.

Als er und Johnny jedoch wieder nach Hause aufbrechen wollen, wartet eine böse Überraschung auf Cassius: Sein neues Fahrrad ist geklaut worden. Cassius tobt vor Wut und will den Diebstahl sofort anzeigen. Verzweifelt sucht er nach einem Ordnungshüter. Ein Bediensteter des Columbus Auditoriums schickt ihn zu einer nahe gelegenen Boxschule, die von einem Polizisten betrieben wird. Cassius ist noch immer ganz außer sich, als er Joe Martin trifft. Er fordert ihn auf, sofort eine Großfahndung einzuleiten. Am liebsten möchte er den Dieb selbst windelweich prügeln, wenn er ihn erwischt. Martin versucht, den aufgebrachten Jungen zu besänftigen: Wenn er lernen wolle, sich zu verteidigen, solle er doch mit dem Boxen anfangen. Der kleine Cassius läßt sich überzeugen.

> »Ich bin so schnell, daß ich, als ich gestern nacht im Hotelzimmer den Lichtschalter umlegte, im Bett lag, bevor das Licht aus war.«
>
> *Muhammed Ali*

Von nun an erscheint Cassius regelmäßig bei Joe Martin und trainiert mit aller Härte. Martin erkennt sehr schnell, daß es sich bei dem Jungen um ein außergewöhnliches Talent handelt. Er arrangiert die ersten Kämpfe, die sein wütender Schützling fast durchweg gewinnt. Cassius hat alles, was ein großer Champ braucht.

Mit 18 ist Cassius am Ziel: Bei der Olympiade 1960 in Rom gewinnt er die Goldmedaille im Halbschwergewicht. Als er wenig später ins Profilager wechselt, wird Martin von Cassius' Vater ausgebootet: Ein Profiboxer dürfe nicht von einem Amateurtrainer betreut werden. Martins Boxschule erlangt dennoch unsterblichen Ruhm: Sie hat den Mann hervorgebracht, der unter dem Namen Muhammad Ali als einer der größten Boxer aller Zeiten in die Geschichte eingehen wird.

Der erste Tiefstart

Über dem Panathinaikon-Stadion bei Athen strahlt im April 1896 die Mittelmeersonne. Tausende Zuschauer haben sich versammelt, um den ersten Olympischen Spielen der Neuzeit beizuwohnen. Athleten aus der ganzen Welt sind angereist. Als die Kurzstreckenläufer an den Start gehen, ist sogar ein US-Bürger dabei: Thomas Burke, Jurastudent aus Harvard, will sich mit den Besten der Besten messen. Und er weiß auch schon, wie.

Als sich die Läufer für den Start vorbereiten, herrscht im Stadion atemlose Stille. Die Athleten stehen an der Startlinie – leicht gebückt, die Muskeln gespannt, bereit, aus dem Stand auf Höchstgeschwindigkeit zu beschleunigen. Doch dieser Moment olympischer Größe wird jäh gestört: Erst fangen einige Zuschauer an zu lachen, dann immer mehr, schließlich fallen selbst die Sportler an der Startlinie ein. Der Grund: Thomas Burke hockt auf dem staubigen Boden, das linke Knie auf der Erde, das rechte Bein aufgestützt, die Füße im Sand der Startbahn eingegraben, und wartet in dieser Position auf das Startsignal. Als es ertönt, federt Burke hoch und stürzt nach vorne, daß seinen Konkurrenten das Lachen vergeht. Der erste Tiefstart in der Geschichte der Leichtathletik verschafft ihm nicht nur den nötigen Vorsprung zum Sieg, sondern sichert ihm noch drei weitere Medaillen bei diesen Olympischen Spielen.

Danach verzichtet Burke auf eine weitere Karriere als Sportler. Ihm ist klar, daß sein technischer Vorsprung nicht von Dauer sein wird, weshalb er sich für eine Laufbahn als Anwalt in Atlanta entscheidet. Seine spektakuläre Starttechnik indes wird sofort kopiert und verfeinert, so daß schon zu Beginn des 20. Jahrhunderts kaum noch ein Läufer darauf verzichtet.

Der Olympische Sextest

Bei den Weltmeisterschaften 1966 im chilenischen Portillo lastet die Ehre ihrer österreichischen Heimat auf den Schultern Erika Schineggers. Ihre Mannschaftskolleginnen haben bereits allesamt versagt. »Es liegt jetzt an dir«, flüstert Erikas Coach der Skifahrerin vor dem Start ins Ohr. Erika Schinegger nimmt sich die Worte ihres Trainers zu Herzen: Im Abfahrtslauf der Damen gewinnt die 18jährige Kärntnerin die einzige Goldmedaille für die alpine Skination. Österreich steht Kopf und kürt die junge Athletin zur Sportlerin des Jahres. Skiausrüster Franz Kneissl ist die Goldmedaille gar 100 000 Schilling wert. Erika Schinegger kauft sich von dem Geld einen Porsche und erhält Heiratsanträge aus dem ganzen Land.

Bei den Olympischen Spielen in Grenoble zwei Jahre später erhoffen sich Erikas Landsleute und Sponsor Franz Kneissl gleich drei Goldmedaillen von ihrer neuen Heldin – doch daraus wird nichts. Aufgrund auffallend bärtiger Kugelstoßerinnen hat das Olympische Komitee kurz zuvor einen sogenannten »Sextest« für alle Athleten eingeführt. Und bei der Untersuchung von Erika Schineggers Speichelprobe stellt sich heraus, daß Erika eigentlich ein Erik ist, ein Hermaphrodit. Seine männlichen Geschlechtsorgane liegen in der Bauchhöhle versteckt, so daß er als Mädchen aufgezogen wurde. Der Skandal könnte größer kaum sein. Nur Schineggers Nationalmannschaftskollege Karl Schranz will das Unfaßbare schon lange geahnt haben. Nachdem er bei einigen gemeinsamen Trainingsfahrten mit Schinegger das Nachsehen hatte, ließ er wiederholt verlauten: »Wer mich schlägt, kann keine Frau sein.«

Nach der Aufdeckung drängt der Sponsor Franz Kneissl Erik Schinegger dazu, sich zur Frau operieren zu lassen, um sich weiter mit der chilenischen Weltmeistermedaille schmücken zu können. Er will sogar den Chirurgen bezahlen. Erik entschließt sich jedoch für den entgegengesetzten Weg. Aus dem Krankenhaus entlassen, gibt er die Medaille zurück und fährt weiter Ski, diesmal bei den Herren. In der Wintersaison 1968/69 gewinnt er noch einmal drei Rennen. Aber der Hermaphrodit auf zwei Brettern ist den Funktionären des österreichischen Skiverbandes um Nationalmannschaftstrainer Franz Hoppichler peinlich. Erik Schinegger wird mit aller Macht aus der Herrenmannschaft gedrängt. Die Niederlage in der Welt des Skisports bringt ihn jedoch nicht aus dem Gleichgewicht. Er findet sein Glück in der Liebe, heiratet und wird Vater zweier Kinder.

Der flächendeckende »Sextest« wurde inzwischen wieder abgeschafft und durch einen Einzelfalltest ersetzt, der bei Personen, deren Geschlecht zweifelhaft scheint, durchgeführt werden kann. Seit den Olympischen Spielen 2004 in Athen dürfen auch transsexuelle Sportler an den Wettbewerben teilnehmen, sofern ihre Geschlechtsumwandlung abgeschlossen und von der zuständigen Behörde des Landes anerkannt worden ist und sich die Betroffenen nach der Operation einer zweijährigen Hormonbehandlung unterzogen haben.

Es ist ein bewegender Moment in der Geschichte der noch jungen Bundesrepublik Deutschland: Soeben hat Fritz Walter im Berner Wankdorfstadion die Trophäe für den WM-Sieg 1954 entgegengenommen. Bei den deutschen Fans herrscht ausgelassene Begeisterung – nach dem 3:8 gegen Ungarn in der Vorrunde hätte niemand gedacht, daß das Starensemble um den Kapitän Ferenc Puskas von der deutschen Truppe im Finale bezwungen werden könnte. Nun nehmen beide Teams Aufstellung, um die Hymne der Siegermannschaft zu hören. Als die ersten Töne erklingen, stimmen die deutschen Fans lautstarken Gesang an. Doch sie singen nicht die dritte, sondern die – geächtete – erste Strophe des Deutschlandlieds. Ein deutscher Radiosender reagiert sofort und blendet sich aus der Übertragung aus.

Der Vorfall sorgt auch bei Bundespräsident Theodor Heuss für Befremden, der das seit dem Nationalsozialismus historisch belastete Deutschlandlied ohnehin lieber durch eine neue Hymne ersetzen lassen wollte. Erst auf Drängen Konrad Adenauers wird das Lied ab 1952 wieder zu offiziellen Anlässen gespielt – allerdings nur seine dritte Strophe gesungen. Vielen Deutschen ist diese Festlegung jedoch nicht bekannt, weswegen sie behaupten, die erste Strophe nach dem WM-Sieg nicht mit deutschnationalem Eifer, wohl aber mit Stolz gesungen zu haben. »Wir sind wieder wer!« ist das Motto der Stunde im gebeutelten Nachkriegsdeutschland, und für manchen Beobachter hat es den Anschein, daß sich hinter dieser Stimmung auch nationalistische Tendenzen verbergen. Dieser Eindruck wird durch eine skandalöse Rede des DFB-Präsidenten Peco Bauwens bekräftigt: Im Münchner Löwenbräukeller bemüht er das Bild des Donnergotts Wotan, der der Weltmeisterelf den Fuß geführt habe – der Germanenkult der Nationalsozialisten lebt hier nur zu offensichtlich weiter.

Theodor Heuss ist nun viel daran gelegen, die Wogen wieder zu glätten. Die Chance bietet sich dem Bundespräsidenten bei der offiziellen Ehrung der »Helden von Bern« im Berliner Olympiastadion. Heuss ruft die Deutschen zur Besonnenheit auf: Der Sieg gegen Ungarn sei ein bewundernswerter sportlicher Erfolg gewesen, man dürfe ihn aber keineswegs politisch mißbrauchen. Dann spricht Heuss die Zeilen der dritten Strophe ins Mikrophon, und 80000 Gäste singen: »Einigkeit und Recht und Freiheit«. Damit hat sich dieser Teil des Deutschlandlieds endgültig als Text der Nationalhymne durchgesetzt. Ein förmliches Gesetz über die Nationalhymne der Bundesrepublik Deutschland gibt es jedoch bis heute nicht.

Es steht 1:1 im WM-Halbfinale 1982 zwischen Deutschland und Frankreich, als Toni Schumacher alles auf eine Karte setzt. Der deutsche Keeper stürmt aus seinem Kasten, um einen langen Paß des französischen Spielmachers Michel Platini auf Stürmer Patrick Battiston aufzuhalten. Doch schon auf halbem Weg wird klar, daß Schumacher den Ball auf keinen Fall erreichen wird. Statt dessen springt er mit voller Wucht in Battiston hinein und rammt ihn schwer. Regungslos bleibt Battiston liegen. Er ist bewußtlos und schwer verletzt: Schumacher hat ihm mehrere Zähne ausgeschlagen sowie Wirbelverletzungen und eine Gehirnerschütterung zugefügt. Während Battiston behandelt und vom Spielfeld getragen wird, zeigt sich der deutsche Torhüter völlig desinteressiert.

Viele Zuschauer erwarten, daß Schumacher nach diesem Foul vom Platz gestellt wird. Doch er sieht nicht einmal Gelb. So geht die deutsche Mannschaft vollzählig in die Verlängerung. Das Team gerät mit 1:3 in Rückstand, rettet sich aber durch die Tore von Kalle Rummenigge und Klaus Fischer ins Elfmeterschießen. Nun steht Schumacher erneut im Mittelpunkt: Er wehrt zwei Bälle ab, was ihn zum Matchwinner werden läßt. In Deutschland feiern einige Schumacher damit trotz seines Fouls an Battiston als Fußballhelden. In der französischen Presse wird er dagegen scharf attackiert: Der »häßliche Deutsche« habe sein wahres Gesicht gezeigt, und die Sportzeitung *L'Équipe* schreibt: »Schumacher. Beruf: Unmensch.« An dieser Eskalation ist Schumacher selbst nicht ganz unbeteiligt: Nach dem Spiel hat er sich uneinsichtig gegeben und trotzig bemerkt, er werde Battiston die Jakketkronen bezahlen, wenn dieser es wolle.

Als der öffentliche Druck auf Schumacher jedoch immer größer wird, läßt er sich schließlich zu einer Aussprache mit seinem

Opfer bewegen. Schumacher zeigt sich nun reumütig und entschuldigt sich bei Battiston. Seine Geste scheint allerdings eher ein Zugeständnis an die Medien als eine Herzensangelegenheit zu sein. Heute gesteht Schumacher sein Fehlverhalten zwar ein. Doch warum seine Aktion einen fast schon politischen Wirbel entfachte und als Jahrhundertfoul in die Fußballannalen einging, versteht er noch immer nicht.

> »Alles, was ich über Moral weiß, habe ich vom Fußball.«
>
> *Albert Camus*

IV. PROMINENTE OPFER

Die Odyssee von Lenins Leichnam

Wladimir Iljitsch Uljanow hat es im Leben nicht leicht. Der Führer der russischen Oktoberrevolution, der Welt als »Lenin« bekannt, lebt mit dem Wissen, daß sein Gehirn eine Anomalie aufweist, die jederzeit einen Hirnschlag verursachen könnte. Nachdem er 1918 Opfer eines Attentats wird und fortan mit einer Pistolenkugel im Hals leben muß, bekommt der Bolschewikenführer noch ganz andere gesundheitliche Probleme. In deren Folge hat er 1922 einen ersten Schlaganfall. Kurz darauf folgt ein weiterer Schlaganfall, bevor ihn ein dritter im Alter von 54 Jahren von seinen irdischen Leiden erlöst.

Doch mit seinem Tod am 21. Januar 1924 nimmt eine weitere Leidensgeschichte ihren Lauf – und zwar die seiner sterblichen Überreste: Stalin verweigert Lenin seinen letzten Willen, demzufolge der Führer der Oktoberrevolution in Petersburg hätte beerdigt werden sollen. Statt dessen soll Lenin nach Stalins Meinung der Nachwelt in einem eigens errichteten Mausoleum auf dem Roten Platz in Moskau präsentiert werden. Es gibt nur ein Problem: Stalin rückt mit diesem Plan sehr kurzfristig heraus, und der Leichnam befindet sich mittlerweile in einem recht dürftigen Zustand. Das linke Ohr des Bolschewikenführers löst sich ab, Kopf und Hände weisen schadhafte Stellen auf. Erst nach aufwendigen Ausbesserungen kann Lenin der Öffentlichkeit präsentiert werden.

Zur Bewachung von Lenins letzter Ruhestätte im Glassarg des Mausoleums werden besondere Wachposten eingesetzt, die stolz die Regimentsnummer »Eins« tragen. Von 1941 bis 1945 existieren diese Wachen doppelt: einmal in Moskau und einmal in Tjumen in Sibirien, wohin Lenins Leiche beim Vorrücken deutscher

Truppen auf Moskau heimlich ausgelagert wird. Die vorübergehende Umbettung soll Lenins Überreste vor der Zerstörung schützen, sie bewirkt jedoch das genaue Gegenteil. Transport und schlechte Lagerung machen ihn erneut zum Fall für die Präparatoren, und ein Großteil seines Oberkörpers kann nur gerettet werden, indem er durch die Überreste eines sibirischen Postboten ergänzt wird.

Nach dem Zweiten Weltkrieg muß Lenins Leiche keinen weiteren Expeditionen überstehen. Statt dessen gibt es alle zehn Jahre einen neuen Anzug und eine chemische Auffrischung für den Körper, bis der russische Präsident Boris Jelzin sich 1997 an Lenins letzten Willen erinnert. Er setzt in der Duma durch, Lenin endlich beerdigen zu lassen. Doch er hat nicht mit dem Widerstand des Volkes gerechnet – in Moskau entbrennt nach dem Beschluß ein Sturm der Entrüstung: Lenin soll bleiben, wo er ist! Letztendlich läßt sich Jelzins Idee nicht umsetzen, und Lenins Leiche muß weiterhin Ausstellungsstück bleiben.

Die Zähne des Sonnenkönigs

Ludwig der XIV., Frankreichs prunkvoller Sonnenkönig, liebt das Leben, die Frauen, guten Wein und gutes Essen. Doch sein Leibarzt Anton Pierre Dionis macht sich Sorgen um die Gesundheit seines Herrschers. Dionis hängt der zu dieser Zeit weit verbreiteten Meinung an, daß die Zähne ein gefährlicher Krankheitsherd wären. Kein Wunder, denn selbst im reichen Versailles des Jahres 1650 sieht die hygienische Etikette keine Zahnpflege vor: Marode Zähne, Mundgeruch und Kieferkrankheiten sind dentaler Alltag am Hofe des Sonnenkönigs. Dionis schlägt dem Monarchen vor, sämtliche Zähne zu entfernen, solange sie noch halbwegs gesund sind. Ludwig stimmt zu – unter der Bedingung, daß er seinen kulinarischen Leidenschaften weiterhin nachgehen kann.

Der Arzt reißt ihm mit einer Zange zunächst die Zähne im linken Oberkiefer heraus. Doch die Löcher im Zahnfleisch entzünden sich und beginnen zu eitern, es kommt zu einem Abszeß, einer Nasennebenhöhlen- sowie einer Knochengewebsentzündung. Der Sonnenkönig leidet Höllenqualen. Gemäß der Theorie, daß alles Übel von den Zähnen ausgehe, entscheidet der Leibarzt, auch die restlichen Oberkieferzähne zu ziehen. Aber Dionis arbeitet schlampig: Mit seiner Zange reißt er Ludwig versehentlich einen Teil des Gaumenbeines heraus. Um diesmal Entzündungen vorzubeugen, brennt er die Stelle mit einem glühenden Eisenstab aus. Das Gesicht des Monarchen ist mittlerweile völlig entstellt. Die geliebten Mahlzeiten werden zu einer ekelerregenden Tortur, denn Speisen und Getränke laufen aus der Nase wieder heraus. Der Sonnenkönig vertraut der modernen Medizin und seinem Arzt jedoch nach wie vor blind. Dionis empfiehlt ihm, auf Nummer Sicher zu gehen und auch die restlichen Zähne zu entfernen: Was nicht da ist, könne ja künftig auch keine Probleme mehr bereiten. Das leuchtet Ludwig ein, und er begibt sich ein weiteres Mal in Behandlung – die selbstredend ohne Narkose stattfindet. Beim Versuch, die restlichen Zähne zu ziehen, bricht Dionis seinem König schließlich noch den Unterkiefer.

Kulinarische Hochgenüsse sind für den absolutistischen Herrscher fortan unmöglich: Ludwig, der Gourmet und Genußmensch, leidet bis zu seinem Lebensende elende Schmerzen und kann nur noch Brei und Flüssiges zu sich nehmen.

Prominente Zahnleidende:

1. Der amerikanische Präsident George Washington litt zeit seines Lebens unter so starken Zahnbeschwerden, daß er als ausgesprochen launisch galt. Ihm blieb zuletzt nur noch ein einziger Zahn, weshalb er eine Prothese aus Flußpferdzähnen, Elfenbein und menschlichen Zähnen trug.
2. Der römische Arzt Celsus beklagte sich im ersten Jahrhundert nach Christus erbittert über das von den Zähnen verursachte Leid.
3. Königin Elisabeth I. von England litt ebenfalls jahrzehntelang, verlor schon früh alle ihre Zähne und polsterte sich die Wangen mit Spitzentüchern aus, um auf Portraits nicht greisenhaft zu wirken.
4. Der dänische Dichter Hans Christian Andersen, von verschiedensten Krankheiten heimgesucht, verarbeitete seine traumatischen Erfahrungen mit Zahnweh in seinen literarischen Werken.
5. Von Apollonia, der Schutzpatronin aller Zahnleidenden, wird berichtet, daß ihr im Zuge der römischen Christenverfolgung all ihre Zähne mit einer glühenden Zange gezogen wurden.

Jason Hatch klammert sich mühsam an die Mauervorsprünge des Buckingham Palastes und zieht sich Stück um Stück nach oben. Sein Ziel ist der Balkon, von dem Königin Elizabeth sonst dem britischen Volk zuwinkt. Jason weiß, daß er sich strafbar macht. Und die Wahrscheinlichkeit, erwischt zu werden, ist hoch, denn genau unter ihm absolviert die Leibgarde der Queen ihren zeremoniellen Wachwechsel. Doch keiner der prunkvoll uniformierten Soldaten mit den auffälligen Bärenfellmützen wirft einen Blick nach oben. So gelangt Jason ungestört auf den Palastbalkon und entfaltet ein Transparent, auf dem er mehr Rechte für geschiedene Väter fordert. Erst jetzt greifen die Sicherheitskräfte ein und verhaften den arbeitslosen Malermeister.

Die Queen bekommt von alldem nicht viel mit, denn sie hält sich gar nicht in der Londoner Residenz auf. Gleichwohl ist sie *not amused*, als sie von dem Eindringling hört. Die farbenprächtige Leibgarde kostet den britischen Steuerzahler schließlich schlappe 150 Millionen Euro im Jahr – und scheint trotzdem nicht in der Lage zu sein, für ihre Sicherheit zu sorgen. Zudem ist der aufwendige Repräsentationsstil der Queen vielen Parlamentariern schon lange ein Dorn im Auge. So kommt es nach dem Vorfall zu einer Debatte im Unterhaus, bei der viele Abgeordnete die Abschaffung des teuren und pompösen Wachregiments fordern. Doch die Traditionalisten können sich durchsetzen – die Bärenfellmützen bleiben.

Den Engländern bleibt also nichts anderes übrig, als zu hoffen, daß sich zukünftig weder Scherzkekse noch Attentäter auf den traditionsreichen Balkon verirren. Schließlich haben sich hier Prinz Charles und Diana zum ersten Mal öffentlich geküßt – da müssen selbst die Interessen geschiedener Väter zurückstehen.

An einem Augusttag des Jahres 1984 bereitet sich US-Präsident
Ronald Reagan auf eine Radioansprache vor. Wie jede Woche will
er eine fünfminütige Rede an das amerikanische Volk halten. Um
das Mikrophon zu testen, spricht er ein paar Sätze, geht allerdings nicht davon aus, daß sie aufgezeichnet werden. Aber die
Tonbänder laufen bereits und schneiden mit, wie der Präsident
die Bombardierung der Sowjetunion ankündigt: »Liebe amerikanische Landsleute, ich freue mich, Ihnen sagen zu können, daß
ich ein Gesetz unterzeichnet habe, das Rußland für immer verbietet. Wir beginnen in fünf Minuten mit der Bombardierung.«

Eigentlich sind die Sprechproben des Präsidenten nicht zum
Zitieren freigegeben, doch ausgerechnet dieser schlechte Scherz
findet seinen Weg an die Weltöffentlich-
keit. Und die ist darüber keineswegs be-
lustigt. Da Reagan ihr Land schon früher als »Reich des Bösen« bezeichnet
hat, vermuten sowjetische Kommen-
tatoren, daß er nur ausgesprochen habe,
was ihm ohnehin ständig im Kopf her-
umgeht.

> »Im Fernsehen habe
> ich mal einen Sheriff
> gespielt, der glaubte,
> ohne Revolver aus-
> kommen zu können.
> Nach 27 Minuten war
> ich tot.«
>
> *Ronald Reagan*

Seit dem Einmarsch der Sowjetunion
in Afghanistan 1979 sind die Beziehun-
gen zu den Vereinigten Staaten noch angespannter als sonst, der
Kalte Krieg ist in einer besonders kritischen Phase. Zudem fällt
der peinliche und äußerst heikle Zwischenfall mitten in den amerikanischen Wahlkampf des Jahres 1984. Allerdings schadet der
Ausrutscher Ronald Reagan innenpolitisch nicht – er gewinnt die
Präsidentenwahlen haushoch.

Die Entführung des Papstes

Seit Beginn seiner Amtszeit im Jahr 1939 gehört Papst Pius XII. nicht gerade zu den lautstarken Kritikern Adolf Hitlers. Sechs Jahre zuvor war der spätere Papst noch als Kardinal Eugenio Pacelli maßgeblich am Zustandekommen des Konkordats zwischen Nazi-Deutschland und dem Vatikan beteiligt. Als Pius XII. äußert er sich nicht zur Judenverfolgung im Dritten Reich, was ihm den wenig schmeichelhaften Beinamen »Papst des Schweigens« beschert.

Dennoch ist Pius XII. dem deutschen Diktator ein Dorn im Auge; Hitler will den Nationalsozialismus zur einzig gültigen Doktrin in den Köpfen der Menschen machen. Im Frühjahr 1943 plant Hitler daher, den Papst aus dem Vatikan zu entführen und im Schloß Lichtenstein bei Urach auf der Schwäbischen Alb festzusetzen. Auch seine Eliminierung wird bei der »Operation Rabat« in Erwägung gezogen.

Mit der Durchführung der irrwitzigen Aktion wird der höchste SS-Führer Italiens, General Karl Friedrich Otto Wolff, beauftragt, der den Plan für kaum durchführbar hält. Ungeachtet seiner Bedenken wird ihm von Hitler Anfang 1944 ein Ultimatum gestellt, so daß Wolff schließlich eine Privataudienz bei Pius erwirkt und mit offenen Karten spielt: Gemeinsam mit Pater Pankraz Pfeiffer, dem Superior der Salvatorianer, betritt Wolff am 10. Mai 1944 den Vatikan und unterrichtet den Papst von der geplanten Entführung.

Die Sicherheitsvorkehrungen im Vatikan werden daraufhin verschärft. Vorsorglich bereitet Pius XII. gar seine Rücktrittserklärung vor: Für den Fall, daß es den Deutschen tatsächlich gelingen sollte, ihn zu entführen, würde ihnen nach der Unterzeichnung des Dokuments lediglich der Kardinal Eugenio Pacelli und nicht der Papst in die Hände fallen. Doch der nahende

Zusammenbruch der Nazi-Diktatur macht diese Vorsichtsmaßnahme überflüssig, die Operation Rabat wird in Berlin nicht weiter verfolgt.

Der päpstliche Dank für Karl Wolffs Offenbarung äußert sich
nach 1945 unter anderem in tätiger Fluchthilfe für die SS-Kameraden des Generals. Wolff selbst wird später wegen Beihilfe zum
Mord an 300 000 Juden zu 15 Jahren Zuchthaus verurteilt.

Vor seinem Tod 1984 sorgt Karl Wolff noch einmal für Schlagzeilen: als »sachkundiger Berater« des *Stern*-Journalisten Gerd
Heidemann, der 1983 mit den gefälschten Hitler-Tagebüchern
auffliegt.

Das Duell des Kanzlers

Am 25. März 1852, um acht Uhr morgens, stehen sich Otto von Bismarck und Georg Freiherr von Vincke auf einer Wiese in Berlin-Tegel gegenüber. Von ihren Sekundanten bekommen sie Pistolen gereicht. Kurz darauf peitschen zwei Schüsse durch die morgendliche Stille, Pulverdampf zieht über die Wiese. Doch beide Duellanten stehen weiter aufrecht – keiner von ihnen ist getroffen.

Dem Duell vorausgegangen ist eine hitzige Debatte im Preußischen Landtag: Der spätere Reichskanzler Bismarck hat den liberal-konservativen Abgeordneten einer schlechten Kinderstube bezichtigt, woraufhin ihn der Westfale zum Duell in Tegel forderte.

13 Jahre nach dem glimpflich verlaufenen Zweikampf drängt es Bismarck erneut zu den Waffen. Diesmal will er sich mit dem prominenten Pathologen Rudolf Virchow duellieren. Der liberale Abgeordnete hat Bismarck öffentlich vorgeworfen, es mit der Wahrheit nicht allzu genau zu nehmen. Wieder schickt Bismarck seinen Sekundanten los. Obwohl Duelle zu diesem Zeitpunkt in Deutschland und Preußen bereits verboten sind, erfreuen sie sich noch immer größter Beliebtheit. Vorsorglich wird deshalb eine Wache vor Virchows Wohnung postiert, die verhindern soll, daß der bekannte Wissenschaftler den Ort des angekündigten Zweikampfes auch tatsächlich aufsucht. Doch die Vorsichtsmaßnahme ist vollkommen überflüssig: Rudolf Virchow denkt gar nicht daran, auf Bismarcks Forderung einzugehen. Duelle sind für ihn nicht mehr als feudaler Unfug. Beistand bekommt er von seinen Medizinerkollegen, die in einem Artikel der *Wiener Medizinischen Wochenschrift* feststellen: »Als Ärzte vermögen wir es nicht einmal annähernd anzugeben, um wie viel wertvoller uns das Leben Virchows als das von hundert Bismarcks ist.«

Es kommt weder zu dem Duell noch zu einer Entschuldigung Virchows. Später kursieren Gerüchte, Virchow wäre sehr wohl zum Duell angetreten, hätte Bismarck seine Wahl der Waffen akzeptiert: Beide hätten eine Wurst verzehren müssen, von denen eine mit Trichinen versetzt gewesen wäre – der Pathologe hatte erst kurz zuvor die Schädlichkeit dieser Würmer für den Menschen erkannt.

Prominente Duelle der Geschichte:

1. Der russische Dichter Alexander Puschkin duellierte sich 1837 mit dem Baron Charles d'Anthès, weil letzterer seiner Frau öffentlich den Hof gemacht hatte. Puschkin starb zwei Tage danach an den Folgen seiner Bauchverletzung.

2. 1864 duellierten sich der deutsche Sozialdemokrat Ferdinand Lassalle und der rumänische Adlige Janko von Racowita, der Verlobte jener Dame, die zuvor Lassalles Liebe verschmäht hatte. Lassalles Geschlechtsteile wurden zerschossen, er starb drei Tage später.

3. Der begabte junge Mathematiker Évariste Galois erlag 1832 einem Bauchschuß, den er bei einem Duell erlitten hatte. In der Nacht davor hatte er in einem dramatischen Wettlauf gegen die Zeit versucht, seine Theorien über algebraische Gleichungen zu Papier zu bringen.

4. Heinrich Heine duellierte sich 1841 mit Salomon Strauss, der seinen Freund Ludwig Börne rächen wollte – Heine hatte ihn nach seinem Tod mit Spott überzogen. Doch die Kugel, die Heine töten sollte, prallte an dessen Portemonnaie ab, woraufhin der Dichter absichtlich daneben schoß und rief: »Gut angelegtes Geld!«

5. 1766 standen sich in Polen Giacamo Casanova und Graf Franz Xaver Branicki wegen einer Hofdame mit gezückten Pistolen gegenüber. Beide kamen mit dem Leben davon, mußten sich danach jedoch vor der polnischen Justiz in Sicherheit bringen, da auf Duelle die Todesstrafe stand.

Charlie Chaplins zweite Beerdigung

Um ihre Finanzprobleme in den Griff zu bekommen, hecken der Pole Roman Wardas und der Bulgare Gantscho Ganev Anfang 1978 einen bizarren Plan aus. In der Nacht zum 2. März machen sich die beiden arbeitslosen Automechaniker auf dem Schweizer Friedhof Corsier-sur-Vevey ans Werk.

Wenig später geht in Oona Chaplins Villa nahe Lausanne ein seltsamer Anruf ein. Ein Mann mit slawischem Akzent fordert von der Witwe des kurz zuvor verstorbenen Komikers Charlie Chaplin umgerechnet 600 000 Dollar Lösegeld für Sarg und Leichnam ihres Gatten. Oona weigert sich zunächst, auf jedwede Forderung einzugehen. Doch ihre acht Kinder drängen sie zu verhandeln, da das Andenken Charlies auf dem Spiel steht. In weiteren Telefonaten mit den Entführern gelingt es ihr, deren Forderungen auf 250 000 Dollar herunterzuschrauben. Was der 24jährige Wardas und sein 38jähriger Komplize, Gantscho Ganev, nicht wissen: Inzwischen hat Oona längst die Polizei eingeschaltet, die am Telefon der Chaplin-Villa eine Fangschaltung installiert hat.

> »Warum nicht? Schließlich gehört sie ihm.« *Charlie Chaplin als letzte Worte zugeschrieben, als an seinem Todestag ein Priester zu ihm sagte: »Gott sei deiner Seele gnädig!«*

100 Polizisten unter der Leitung von Superintendent Gabriel Cettou suchen bereits seit Tagen fieberhaft nach Sarg und Leiche und überwachen rund 200 öffentliche Telefonzellen im Großraum Lausanne.

Am 17. Mai 1978 werden Wardas und Ganev während eines erneuten Erpresseranrufes an einer öffentlichen Telefonzelle in Lausanne verhaftet. Der gestohlene Sarg wird in einem Maisfeld nahe des Friedhofs Corsier-sur-Vevey gefunden, so daß nach ihrer Verhaftung Charlie Chaplin ein zweites Mal beerdigt werden kann. Diesmal gießt man sein Grab zur Sicherheit mit Beton aus. »Charlie hätte es sicher lustig gefunden«, meint die Witwe des Komikers.

Roman Wardas, der als Drahtzieher der bizarren Entführung gilt und den Plan für das groteske Unternehmen nach der Lektüre eines Zeitungsartikels über einen ähnlichen Fall in Italien ausgetüftelt hat, wird im Dezember zu einer viereinhalbjährigen Haftstrafe verurteilt. Sein Komplize Gantscho Ganev kommt wegen seiner geringen Intelligenz mit einem Gefängnisaufenthalt von 18 Monaten davon. Als Oona Chaplin ihrem Mann im Jahr 1991 in den Schauspielerhimmel folgt, offenbart sich bei Öffnung ihres Testaments eine Sorge der Verstorbenen: Auch Oona möchte, daß ihr Grab mit Beton ausgegossen wird.

V. ABSOLUTE BEGINNER

Die Erfindung des Einkaufswagens

Sylvan Goldman steht in seinem »Humpty Dumpty Super-market« in Oklahoma City und ist schlecht gelaunt. Sein Laden ist meist leer, die wenigen Kunden kaufen nicht viel.

1937 haben die Vereinigten Staaten die Weltwirtschaftskrise noch immer nicht ganz überwunden, und das bekommt vor allem der Einzelhandel zu spüren. Goldman schaut mißmutig den Hausfrauen zu, die mit ihren Körben durch den Supermarkt streifen, Waren aus dem Regal hineinlegen und schließlich den vollen Korb zur Kasse schleppen. Irgend etwas gefällt Goldman an diesem Bild nicht, aber er braucht eine Weile, bis er darauf kommt: Die Kunden kaufen so wenig, weil kaum etwas in die Körbe paßt! Goldman bittet den Handwerker Fred Young, ihm bei der Lösung seines Problems zu helfen. Young ersetzt die Beine eines metallenen Klappstuhls durch vier Räder und bringt anstelle der Sitzfläche zwei große Einkaufskörbe an – der erste Einkaufswagen kann losrollen.

Doch am nächsten Tag steht das Vehikel unbeachtet im Humpty Dumpty Market. Viele Kunden wissen nicht, was sie damit anfangen sollen; anderen ist es peinlich, ihre Einkäufe wie in einem Kinderwagen zu transportieren. Die meisten Hausfrauen finden den Einkaufswagen schlichtweg stillos, den wenigen Männern, die im Supermarkt einkaufen, ist er zu weibisch. Doch Goldman ist weit davon entfernt, aufzugeben. Er kratzt sein Erspartes zusammen und heuert männliche und weibliche Models an. Die schieben mit sichtlichem Vergnügen die Proto-typen, die Fred Young zwischenzeitlich zusammengebastelt hat, durch den Supermarkt und packen sie bis oben hin voll. Nun be-greift auch der letzte Kunde, wozu die seltsamen Metallgefährte gut sind. Einen Tag später sind Einkaufswagen aus dem Humpty Dumpty nicht mehr wegzudenken, und Goldman kann sich über steigende Umsätze freuen.

Die Idee spricht sich im amerikanischen Einzelhandel so schnell herum, daß sich Goldmans Einkaufswagen bereits 1940 in fast jedem Laden finden läßt. Die Händler reißen sich um das neue Produkt. Wer nicht rechtzeitig bestellt hat, muß sich mit einem Platz auf einer Warteliste zufriedengeben, die in der DDR dem Trabi alle Ehre gemacht hätte: Sieben Jahre wartet mancher Ladenbesitzer, bis auch sein Geschäft mit den umsatzsteigernden Rollwagen ausgestattet ist. Heute ist der Einkaufswagen nach dem Auto das meistbenutzte vierrädrige Fahrzeug der Welt.

1993 mußte Jürgen Möllemann als Bundeswirtschaftsminister zurücktreten, nachdem er auf offiziellen Briefbogen des Wirtschaftsministeriums für Einkaufswagenchips geworben hatte – eben solche, wie sie einer seiner Verwandten produzierte. Seitdem werden die Plastik-Chips gern »Möllemännchen« genannt.

Die erste Sprachübertragung

Es ist Heiligabend, kurz nach 21 Uhr, als sich der Bordfunker des amerikanischen Frachters »United Fruit« erschrocken die Kopfhörer von den Ohren reißt. Wie ihm ergeht es den meisten seiner Kollegen, die das Weihnachtsfest 1906 auf ihren Schiffen vor der amerikanischen Ostküste verbringen müssen. Statt eines gemorsten Weihnachtsgrußes vom Festland hören die Seeleute plötzlich eine menschliche Stimme im Äther, die klassische Musik ankündigt. Nach Händels »Largo«, das von einem Grammophon abgespielt wird, meldet sich die unheimliche Stimme erneut. Diesmal singt sie für die verblüfften Matrosen eine Strophe aus »Stille Nacht«.

Verantwortlich für den akustischen Weihnachtszauber ist kein listiger Klabautermann, wie die Seeleute zunächst glauben, sondern ein kanadischer Physiker: Reginald Aubrey Fessenden hat an diesem 24. Dezember 1906 Freunde und Familie in sein Labor in Brant Rock an der Atlantikküste eingeladen, um zu demonstrieren, daß sich Stimmen und Musik drahtlos übertragen lassen. Bislang glaubte man, Funkwellen lediglich als Träger für Morsesignale benutzen zu können.

Rund 15 Minuten lang beweist der 40jährige Physiker Fessenden vor einem Mikrophon das Gegenteil. Er betätigt sich als Alleinunterhalter für die Matrosen draußen auf dem offenen Meer. Beim Singen begleitet er sich selbst auf der Geige. Später liest er die Weihnachtsgeschichte aus der Bibel vor. Eigentlich sollten ihn seine Frau Helen und seine Sekretärin Ms. Bent bei dem Experiment unterstützen – doch seine beiden Co-Moderatoren werden von den Dämonen des Lampenfiebers heimgesucht und bringen vor Aufregung keinen Ton heraus. So bleibt es Fessenden selbst überlassen, den verdutzten Matrosen zum Ende der ersten Radioshow der Welt »A Merry Christmas!« zu wünschen. Außerdem kündigt der Physiker an, am Silvester-abend erneut auf Sendung zu gehen.

Und Fessenden hält Wort: Gut eine Woche später schallt seine Stimme wieder durch den Äther. Der emsige Tüftler ändert sein Programm geringfügig, läßt die Weihnachtsgeschichte aus der Bibel weg und wünscht seinen Hörern am Ende der weltweit zweiten Sprachübertragung: »A Happy New Year!«

Ein deutscher Professor aus Afrika

Zu Beginn des neuen Semesters herrscht auf dem Campus der Universität Halle große Aufregung: Im Jahr 1727 studiert zum ersten Mal ein Schwarzer an der bedeutenden Universität. Dunkelhäutige kennt man bisher nur als Diener an den Höfen der europäischen Fürsten – und nicht als Akademiker.

Anton Wilhelm Amo kommt als Vierjähriger auf einem Schiff der niederländisch-westindischen Gesellschaft aus seiner afrikanischen Heimat, dem heutigen Ghana, nach Europa. Kurz nach seiner Ankunft im Jahr 1707 landet er am Hof des Herzogs von Braunschweig-Wolfenbüttel, wo er Lakai des Herzogs Anton Ulrich wird. Obwohl Amo eigentlich nur für die Bedienung seines Herrschers zuständig ist, wird ihm eine ausgezeichnete Erziehung zuteil, an deren Ende er fließend Deutsch, Englisch, Französisch und Niederländisch spricht. Außerdem kann er Latein, Griechisch und Hebräisch lesen und schreiben.

Die Schwiegertochter des Herzogs, Herzogin Elisabeth Sophie, nur eine aus der langen Reihe seiner mächtigen Mentoren, ermöglicht ihm schließlich das Studium an der Universität Halle. Anton Wilhelm Amo schreibt sich für Philosophie und Jura ein und promoviert schon zwei Jahre später über das »Recht der Mohren in Europa«. In Wittenberg macht der ehemalige Sklave noch seinen Doktor der Medizin. Zehn Jahre nach seiner Immatrikulation hält er seine erste philosophische Vorlesung in Halle und ist damit der erste deutsche Professor, der vom afrikanischen Kontinent stammt. Neben seiner Tätigkeit an seiner Alma mater lehrt Amo auch noch in Wittenberg und Jena, später wird er sogar preußischer Staatsrat.

Trotz aller Erfolge bleibt Anton Wilhelm Amo, der sich nach seinem Geburtsort in Afrika auch Afer von Axim nennt, zeit seines Lebens ein Außenseiter. Als wiederholt Schmähschriften gegen ihn veröffentlicht werden und alle seine Fürsprecher verstorben sind, kehrt er Mitte des 18. Jahrhunderts zu seinem Vater und seiner Schwester in seine Heimat zurück und lebt dort zurückgezogen bis zu seinem Tod.

Der Flop der ersten Meinungsumfrage

Um die Auflage zu steigern, haben sich die Redakteure der *Harrisburg Pennsylvania* etwas Besonderes einfallen lassen: Im Sommer 1824 starten sie in ihrer Zeitung die erste politische Meinungsumfrage. Ihre Leser sollen tippen, wer der nächste Präsident von Amerika wird. Die Kandidaten John Quincy Adams und Andrew Jackson stehen dabei zur Wahl. 532 Leser beteiligen sich an der Umfrage. 59 Prozent setzen auf Jackson – und liegen falsch: John Quincy Adams wird zum neuen Präsidenten der USA gewählt und die erste Meinungsumfrage ein Reinfall.

Der Grund für die Fehleinschätzung liegt in der Art der Umfrage selbst. Im 19. Jahrhundert, selbst noch zu Beginn des 20. Jahrhunderts glaubt man, ein präzises Ergebnis hänge lediglich von der Zahl der Befragten ab – ein Trugschluß, wie sich mehr als 100 Jahre später zeigt: Im Jahr 1936 beschäftigt Georges Gallup erneut die Frage, wer das Rennen um die Präsidentschaft der Vereinigten Staaten machen wird. Seine Umfrage folgt dabei nicht mehr dem alten Prinzip »je mehr, desto besser«. Gallup möchte nur wenige Tausend Menschen befragen – die sollen allerdings repräsentativ für die amerikanische Bevölkerung stehen, weshalb er bei der Auswahl seiner Interviewpartner Faktoren wie Alter und Geschlecht berücksichtigt. Während eigentlich Alfred Landon als Favorit für das Amt des US-Präsidenten gilt, setzt Gallup aufgrund seiner Hochrechnungen auf Franklin D. Roosevelt. Und er behält nicht nur recht, sondern etabliert damit zugleich ein Instrument der Meinungsforschung, das heute nicht mehr aus der politischen Landschaft wegzudenken ist.

> »Vorhersagen sind schwierig, besonders wenn sie die Zukunft betreffen.«
> *Karl Valentin*

Der erste Flieger

Im August 1903 versammelt sich nördlich von Hannover eine Handvoll Menschen um ein sonderbares Fluggefährt. Jahrelang hat Karl Jatho daran gebastelt und jeden Pfennig in sein Hobby investiert. Es ist eine Konstruktion aus dünnen Stahlrohren, Flügeln mit einer Spannweite von siebeneinhalb Metern, einem Motorradsattel und einem Zwölf-PS-Motor. Jatho nimmt unter den Tragflächen Platz und läßt den Motor an. Die ersten Meter auf der sandigen Strecke legt er noch holpernd zurück. Doch als er an Geschwindigkeit gewinnt, verläßt sein Gefährt die Erde. In nicht mal einem Meter Höhe fliegt Karl Jatho etwa 18 Meter weit.

Es ist der erste Motorflug der Geschichte. Dennoch hält Karl Jatho seine Flugversuche geheim, da er sein Geld als Stadtinspektor verdient und ihm als preußischem Beamten Nebentätigkeiten untersagt sind. Vier Monate nach Jatho heben die amerikanischen Gebrüder Wright im US-amerikanischen Bundesstaat North Carolina zum ersten Mal ab. Ihnen wird seitdem die Erfindung des motorisierten Fluges zugeschrieben. In den USA ist der Glaube an die Chancen der Technik zu dieser Zeit schon weiter fortgeschritten als in Deutschland, so daß die Gebrüder Wright ihre Fluggeräte in den nächsten Jahren nach und nach verbessern und ein Vermögen mit ihnen verdienen können.

Karl Jatho dagegen verstrickt sich in erfolglose Projekte. Erst 1907 bekennt er sich öffentlich zu seinen Flugversuchen. Als er in den folgenden Jahren seine Fluggefährte perfektionieren will, kann er kaum seine Konstrukteure bezahlen. Selbst das Militär zeigt an seinen Fluggeräten kein Interesse. Jathos Flüge geraten bald in Vergessenheit. Erst kurz vor seinem Tod 1933 versuchen die Nazis, die Taten des Flugpioniers propagandistisch zu nutzen – weshalb Karl Jathos Leistung nach 1945 erst recht in Vergessenheit gerät.

Die Erfindung der Sommerzeit

Als Benjamin Franklin an diesem Frühlingstag im Jahr 1784 um sechs Uhr morgens aufwacht, ist sein Zimmer in gleißendes Sonnenlicht getaucht. Offenbar hat sein Kammerdiener vergessen, die Vorhänge zu schließen. Der 78jährige Staatsmann, Schriftsteller und Erfinder, der als Diplomat die Vereinigten Staaten in Paris vertritt, kann nicht mehr schlafen und ärgert sich. Trotz seines fortgeschrittenen Alters genießt Franklin das reizvolle Nachtleben der französischen Hauptstadt in vollen Zügen und steht eigentlich nie vor Mittag auf. Nun aber, da es ohnehin um seinen Schlaf geschehen ist, springt Franklin aus dem Bett, nimmt Papier und Feder zur Hand und beginnt zu rechnen: Stünde er wie sonst immer gegen zwölf Uhr auf, gingen ihm damit jeweils sechs Stunden Sonnenlicht verloren. Sein intensives Nachtleben trägt somit zum Verbrauch zahlreicher Kerzen bei. Seine Berechnungen ergeben, daß eine Großstadt wie Paris pro Jahr Kerzen im Wert von 20 Millionen Dollar einsparen könnte – wenn man nur das Tageslicht voll ausnutzte.

Die Idee läßt den umtriebigen Politiker nicht mehr los. Er setzt sich mit den höchsten Stellen in Verbindung, läßt seinen nicht unerheblichen Einfluß spielen und veröffentlicht mehrere Artikel. Seine Idee ist so simpel wie bestechend: Nicht so lange schlafen, dafür früher aufstehen – am besten bei Tagesanbruch und bei Sonnenuntergang gefälligst wieder zu Bett!

Doch schon Ende des 18. Jahrhunderts verträgt sich der amerikanische Pragmatismus nicht unbedingt mit dem französischen *savoir vivre*. Als Benjamin Franklin auch noch vorschlägt, die laxen Franzosen in der Früh mit Kanonenschüssen und Glockengeläut zu wecken, ist die Idee, die Uhr um ein paar Stunden vorzustellen, erst einmal vom Tisch. Und das für ziemlich lange Zeit.

Es dauert 132 Jahre, bis sich ein Land entschließt, die Uhr wenigstens um eine Stunde vorzustellen. Am 30. April 1916 wird zum ersten Mal die Sommerzeit eingeführt – in Deutschland.

Die LEGO-Steine

Ole Kirk Christiansen erkennt sofort, daß er ein geniales System vor sich hat: Als der Spielzeughersteller nach dem Zweiten Weltkrieg auf der Suche nach neuen Ideen ist, fallen ihm die bunten Spielsteine der englischen Firma Kiddicraft in die Hände. Deren Machart überzeugt Christiansen, so daß er ähnliche Steine nun auch in seiner Heimat vertreiben will. Eigentlich ist Ole Kirk Christiansen Tischler und verdient sein Geld mit dem Bau von Möbeln und Fenstern. Im Winter, wenn er weniger Aufträge hat, baut er Miniaturmöbel für Puppenhäuser, kleine Spielzeugtraktoren oder Holzautos. Seit Jahren leitet er im dänischen Billund einen kleinen Familienbetrieb, dem er den Namen LEGO gegeben hat – eine Abkürzung von »Leg Godt!«, »Spiel Gut!«.

1947 kauft Christiansen als erster Spielzeughersteller Dänemarks eine Spritzgußmaschine und experimentiert von nun an mit Kunststoff. Zwei Jahre später kann er die ersten Spielzeugsteine anbieten. Auf ihrer Oberfläche befinden sich Noppen, so daß man sie zusammenstecken kann. Dennoch verkauft sich seine Erfindung nicht gut: Die Kunden sind an Holzspielzeug gewöhnt, und die Großhändler schütteln den Kopf, als sie die Plastiksteine sehen, die farblich nicht ansprechen und schlecht zusammenhalten. 1957 wird die Konstruktion daher neu überdacht. Zu den Noppen auf der Oberseite kommen drei Röhrchen auf der Unterfläche, so daß die Steine nun unbegrenzt steck- und stapelbar sind.

Erst nach diesen Verbesserungen und mehreren Werbefeldzügen finden sich die genoppten Steine in Kinderzimmern auf der ganzen Welt – ein riesiger Erfolg, den Ole Kirk Christiansen, der 1958 verstirbt, jedoch nicht mehr miterlebt.

Der erste Strandkorb

Im Sommer 1882 entdecken die Badeurlauber von Warnemünde plötzlich ein seltsames Ding am Fuß des Leuchtturms: Es sieht aus wie ein riesiger Wäschekorb, der auf dem Kopf steht und in dessen Mitte ein Brett quergelegt wurde. Das behaupten zumindest Spötter. In dem Ungetüm sitzt, zufrieden lächelnd, Elfriede Maltzahn und genießt in aller Seelenruhe den Blick übers Meer.

Einige Wochen zuvor hatte die rheumakranke alte Dame den kaiserlichen Hofkorbmachermeister Wilhelm Bartelmann um einen Gefallen gebeten: Er möge ihr einen Stuhl anfertigen, mit dem sie wind- und wettergeschützt an ihrem geliebten Strand sitzen kann. Ähnliche Sitzmöbel gibt es schon seit einigen Jahren, um alte oder kranke Menschen vor der Zugluft in ihren Wohnungen zu schützen. Das Neue an diesem ist, daß es draußen aufgestellt werden soll und damit wetterfest sein muß. Nach einigem Tüfteln verkauft Bartelmann Frau Maltzahn einen sogenannten »Strandstuhl«. Der aus Korb geflochtene Einsitzer ist mit Holzwolle gepolstert und einem leichten Stoff bezogen. Die Strandbesucher sind fasziniert von dem praktischen Möbelstück – denn der Korbstuhl schützt nicht nur vor Wind und Sand, sondern auch vor Sonne. Und schließlich gilt eine blasse Hautfarbe Ende des 19. Jahrhunderts als schick und vornehm. Neidisch beäugen darum viele der Badegäste Elfriede Maltzahn in ihrem Strandstuhl.

Hofkorbmachermeister Bartelmann wittert die Marktlücke und beschließt, weitere Modelle zu bauen: diesmal auch Zweisitzer. Zusammen mit seiner Frau Elisabeth transportiert er seine einzigartigen Strandmöbel zu Beginn der nächsten Saison an den Strand und gibt im Sommer 1883 im *Allgemeinen Rostocker Anzeiger* bekannt, daß sie von nun an gemietet werden können. So eröffnet Elisabeth Bartelmann in ihrem Warnemündener Korbgeschäft auch gleich den ersten Strandkorbverleih.

Der gründet vor allem auf dem Vertrauen in die Redlichkeit der Strandgäste. Denn die ersten Strandkörbe lassen sich noch nicht mit einem Holzgitter verschließen – wer es sich in einem der Körbe gemütlich machen will, geht einfach zu Frau Bartelmann ins Korbmachergeschäft und entrichtet die Tagesgebühr.

Etwa 70 000 Strandkörbe stehen heute allein an der deutschen Ostseeküste. Zwar findet man sie auch in anderen Ländern, dort werden sie jedoch vornehmlich für deutsche Urlauber aufgestellt. Das gute alte Badetuch und der Sonnenschirm reichen den meisten anderen Nationen – die Idee, ein Möbelstück mit an den Strand zu schleppen, scheint doch etwas sehr Deutsches an sich zu haben.

»Die Badekutschen, die Droschken der Nordsee, werden hier nur bis ans Wasser geschoben, und bestehen meistens aus viereckigen Holzgestellen, mit steifem Leinen überzogen. Jetzt, für die Winterzeit, stehen sie im Conversazionssaale und führen dort gewiß ebenso hölzerne, und steifleinene Gespräche, wie die vornehme Welt, die noch unlängst dort verkehrte.« *Heinrich Heine, 1826*

»Krazy« George Henderson hat einen aufreibenden Job, aber er liebt ihn. George ist extrovertiert, sportlich und hat eine extrem laute Stimme. All das braucht er, denn er ist professioneller Cheerleader – nicht etwa der Leiter einer Gruppe puschelwedelnder Mädchen, sondern Cheerleader ganzer Stadien. Georges Job ist es, Zehntausende Zuschauer eines Baseballspieles zu animieren, sie zum Singen, Schreien, Tanzen zu bringen und so ihr Team zu unterstützen. Damit verdient er gutes Geld, bis zu 1000 Dollar pro Spiel.

Doch im Oktober 1981 steht er etwas ratlos vor den 22000 Zuschauern im Oakland Stadion im US-Bundesstaat Kalifornien. Er hat eine neue Idee, um die Stimmung der Menge auf einen nie dagewesenen Höhepunkt zu treiben. George wedelt mit Händen und Füßen, tanzt regelrechte Ausdruckstänze und führt Pantomimen auf.

Zunächst begreifen nur wenige Zuschauer, was er will. Zögernd stehen sie auf, heben die Hände über den Kopf und setzen sich wieder. Die Nachbarn zur Rechten wiederholen den Vorgang, deren Nachbarn ebenso. Schließlich hat George die Aufmerksamkeit des ganzen Stadions, und seine Idee wird klar: Aufstehen, Hände hoch, wieder setzen. Diese Aktion pflanzt sich erst durch drei, dann durch sechs Blocks und schließlich durch die ganze Arena fort – die erste La-ola-Welle der Welt rollt durch das Oakland Stadion.

Weiter kommt sie jedoch vorerst nicht, denn dazu bedarf es mehr als eines quirligen Cheerleaders. Es dauert ganze fünf Jahre, bis die La-ola-Welle nach Mexiko gelangt, wo im Jahr 1986 die Fußballweltmeisterschaft stattfindet und Zehntausende die Welle durch die Stadien laufen lassen. Die Kameras tragen die spektakulären Bilder von begeisterten Zuschauern in alle

Welt. Krazy George Hendersons La-ola-Welle, ursprünglich für die kalifornischen Baseballfans gedacht, erobert die Fußball-arenen im Sturm und ist aus ihnen heute nicht mehr wegzudenken.

Die erste deutsche Schönheitskönigin

Gertrud Dopieralski verdient ihr Geld Anfang des 20. Jahrhunderts als Zigarettenverkäuferin in einem Königsberger Vergnügungspark. Kein Traumjob – doch immerhin einer, bei dem man sich zeigen kann und gesehen wird. Und Gertrud hat viel zu zeigen: Die junge Frau aus Ostpreußen ist auffallend hübsch. Das meint zumindest der Geschäftsführer eines Berliner Kabaretts, dem das Mädchen mit den brünetten Locken und dem sympathischen Lächeln sofort ins Auge fällt.

Er überredet Gertrud, ihre Arbeit hinzuschmeißen und in seinem Amüsierbetrieb »Chantant« die Gäste zu unterhalten. Und er hat noch mehr mit der hübschen Ostpreußin vor: Seit 1880 im amerikanischen Badeort Rehoboth Beach die erste »Miss United States« gewählt wurde, gibt es auch in Deutschland immer wieder Bestrebungen, Schönheitswettbewerbe zu veranstalten. Bei der ersten europäischen Miss-Wahl stellen sich 1888 im belgischen Kurort Spa bereits 21 Bewerberinnen zur Schau, noch ohne deutsche Beteiligung. Siegerin ist die junge Marthe Soucaret aus der französischen Kolonie Guadeloupe.

Gertrud Dopieralskis Berliner Mentor hält die Zeit im Jahr 1909 für gekommen, um endlich die schönste Frau Deutschlands zu küren. In Hamburg organisiert er den ersten Schönheitswettbewerb Deutschlands, an dem Gertrud natürlich teilnimmt. Bereits im Vorfeld läßt ihr Mentor, der zugleich Mitglied der Jury ist, keine Zweifel offen, wie die erste deutsche Miss heißen wird – das vermuten zumindest Gertruds Konkurrentinnen. Für Chancengleichheit kippen sie der Favoritin Spiritus in die Schminke und verstecken ihre Bühnengarderobe. Doch auch ohne Puder und in geliehenen Kleidern gewinnt die fesche Ostpreußin die abgekartete Wahl und erhält eine 20-Mark-Goldmünze und eine Urkunde als Preis.

Getragen vom euphorischen Gefühl ihres Triumphes, legt sich die frisch Gekürte anschließend den sinnigen Künstlernamen Gertrud Sieg zu und startet eine wenig erfolgreiche Karriere als Theaterschauspielerin. Später erfüllt sie die noch heute nicht unerheblichen Repräsentationspflichten einer Miss Germany, indem sie neckisch lächelnd für Pin-Up-Postkarten posiert, mit denen im Gepäck Tausende deutscher Soldaten 1914 in den Ersten Weltkrieg ziehen.

Der amerikanische Journalist Arthur Wynne hat von seinem Boss eine knifflige Aufgabe bekommen. Für die Weihnachtsbeilage 1913 soll sich der Leiter der Abteilung »tricks and jokes« etwas ganz Besonderes einfallen lassen. Wynne probiert und überlegt, bis ihm sein Großvater einfällt. Der hat seine freie Zeit immer mit sogenannten magischen Quadraten verbracht, bei denen Lösungswörter gefunden werden müssen, die sowohl diagonal als auch vertikal in ein kleines Quadrat passen.

Ein viereckiges Rätselgitter erscheint Wynne jedoch zu einfach, zumal in den magischen Quadraten nur wenige Wörter Platz finden. Um die Sache etwas schwieriger zu gestalten, zeichnet er eine Diamantform und puzzelt 32 Wörter so zusammen, daß sie von oben nach unten und von links nach rechts einen Sinn ergeben. Schwarze Kästchen gibt es in diesem ersten Kreuzworträtsel nicht – alle Felder innerhalb der Umgrenzung müssen mit Buchstaben gefüllt werden. Die dazugehörigen Aufgaben stehen außerhalb des rautenförmigen Gitters. Mit Hilfe der Überkreuzungen können die Rätselnden auch Fragen beantworten, für die sie im Normalfall keine Lösung gefunden hätten. Daher nennt Wynne sein Werk »world cross« und veröffentlicht es in der Weihnachtsbeilage der *New York World*.

Die Leser sind begeistert. Wynnes »world cross« wird zum Dauerbrenner, der von nun an jede Woche erscheint. Das Rätselfieber breitet sich rasch über das ganze Land aus: Nur wenige Jahre später gibt es in jeder amerikanischen Tageszeitung ein Kreuzworträtsel.

Etwas länger dauert es, bis auch die Europäer Geschmack daran finden. So steht die *London Times* dem Rätsel zunächst mißtrauisch gegenüber und versteckt es 1930 noch vorsichtig zwischen Artikeln und Anzeigen. Die *Times*-Leser teilen diese

Skepsis nicht, sie sind so fasziniert von dem neuen Ratespaß, daß das Kreuzworträtsel kurz darauf an prominentere Stelle gerückt wird. Die englischen Rätsel entwickeln schon bald ihren eigenen Stil und sind meist schwieriger zu lösen als ihre amerikanischen Vorlagen. Nachdem das Kreuzworträtsel London erobert hat, tritt es schließlich seinen Siegeszug durch ganz Europa an. Unzählige Variationen wie Zahlen-, Silben- oder Schwedenrätsel werden in den kommenden Jahrzehnten entwickelt und mit viel Enthusiasmus gelöst.

Heute gibt es allein in Deutschland ungefähr 300 Rätselzeitschriften, etwa 70 Prozent der Deutschen rätseln regelmäßig.

Der Name »Frisbie« hat um 1870 einen guten Ruf – kaum jemand backt so leckere Kuchen wie William Russel Frisbie an Amerikas Ostküste: 80 000 Stück vertreibt seine »Frisbie Pie Company« täglich. Doch nicht nur Frisbies Apfel-, Kirsch- und Pflaumenleckerbissen finden Anklang bei den Kunden – auch die Formen, in denen der Kuchen verkauft wird, sind etwas Besonderes: Sie eignen sich hervorragend als Flugobjekte, so daß die tellergroßen Kuchenbleche mit dem niedrigen Rand immer öfter als billiges Spielgerät am Strand dienen. Zuerst sind es Kinder, die die leer gegessenen Formen zwischen sich hin und her werfen. Dann entdecken die Studenten das neue Spielzeug für sich. Jahr um Jahr breitet sich der Spaß weiter aus. Ab 1940 fehlen die außergewöhnlichen Kuchenformen auf keinem Campus mehr.

Als Walter Frederik Morrison Mitte der 40er Jahre aus der Kriegsgefangenschaft zurückkehrt, ist er von dem neuen Sport begeistert. Denn die Frisbie-Bleche sind überall billig zu bekommen, und gespielt werden kann mit beliebig vielen Personen. Nur eines schmälert das Spielvergnügen: Die schweren Metallformen bleiben lediglich kurze Zeit in der Luft. Besondere Flugkunststücke können die Sportler deshalb mit ihnen nicht einüben – und wenn einer der Kontrahenten zu spät nach der Scheibe greift, gibt es unter Umständen blaue Flecke. Monatelang tüftelt Morrison daran, die Flugfähigkeit der Bleche zu verbessern. Er experimentiert mit verschiedenen Materialien, verändert die Form und die Größe der Scheibe und verstärkt ihre Innenwände, jedoch alles ohne durchschlagenden Erfolg. Bis er auf die Idee kommt, ausschließlich Kunststoff zu verwenden. Damit findet er auch schnell die ideale Form für das Spielgerät, die auf dem gleichen Prinzip wie die Tragflächen von Flugzeugen beruht. Durch die schnelle Wurfbewegung wird ein Sog erzeugt, der die Scheibe länger in der Luft hält. Morrison tauft das neue Flugobjekt »Pluto Platte« und verkauft seine Erfindung 1955 an den amerikanischen Sportartikelhersteller Wham-O. Als drei Jahre später Mitinhaber Richard Knerr den Ausdruck »Frisbie« hört, gefällt der ihm besser als »Pluto Platte«. Ohne Frisbies Kuchenbleche als Quelle zu kennen, läßt er die fliegenden Scheiben unter dem Handelsnamen »Frisbee« eintragen.

Zehn Frisbee-Sportarten:

1. Ultimate Frisbee – laufintensiver Mannschaftssport, der mit einer schwereren Frisbee gespielt wird
2. Freestyle Frisbee – möglichst originelle Tricktechniken werden von einem oder mehreren Spielern ausgeführt
3. Disc Golf – dem klassischen Golf ähnlich, soll mit möglichst wenigen Würfen ein bestimmtes Ziel erreicht werden
4. DDC (Double Disc Court) – wird mit zwei Frisbees in Teams zu je zwei Spielern gespielt
5. Discdogging – Hundesportart mit Wurfscheibe
6. TRC (Throw Run Catch) – Selbstfangwurf, bei dem die Strecke zwischen Abwurfpunkt und Fangstelle gemessen wird
7. MTA (Maximum Time Aloft) – gezählt wird die Zeit, die die Scheibe in der Luft bleibt, bis sie gefangen wird
8. Accuracy (Zielwurf)
9. Distance (Weitwurf)
10. Discathon – ein festgelegter Parcours wird mit zwei Scheiben, von denen jeweils eine geworfen und wieder eingesammelt wird, durchspielt

Im Sommer 1967 macht sich die junge Physikdoktorandin Jocelyn Bell an die eher langweilige Aufgabe, die Aufzeichnungen
eines neuen Radioteleskops auszuwerten. Auf einer Fläche von
18 000 Quadratmetern haben Wissenschaftler im englischen
Cambridge zwei Jahre gebraucht, um die riesige Anlage zu mon-
tieren. Nun quellen täglich endlose Papierstreifen aus dem Druk-
ker, auf denen die Signale aus den Weiten des Weltalls aufgezeichnet werden. Dabei fällt Jocelyn Bell auf, daß einige
Impulsmuster unerklärlicherweise in exakter Regelmäßigkeit
auftreten. Anfangs rätseln Bell und ihre Kollegen, ob die Signale
von der Erde kommen könnten, auch Computer, Mikrowellen
und andere Geräte senden schließlich Radiowellen aus. Aber
schon nach kurzer Zeit stellen sie unzweifelhaft fest, daß die Signale aus dem All stammen müssen.

Jocelyn Bells Fund ist eine wissenschaftliche Sensation. Niemand kann sich erklären, was im All solch regelmäßige Signale
produzieren kann. Obwohl die Wissenschaftler nicht wirklich
an morsende Aliens glauben, taufen sie die Signale scherzhaft
»LGM« – »Little Green Man«.

Daraufhin reißen sich die Medien um Jocelyn Bell. Wochenlang spekulieren die Journalisten, ob die Physikerin tatsächlich
auf eine außerirdische Intelligenz gestoßen ist. Die Theorie, daß
das Signal von kleinen grünen Männchen stammt, kann jedoch
nicht lange aufrechterhalten werden, da sich schon bald heraus-
stellt, daß Jocelyn Bell als erster Mensch einen Pulsar entdeckt
hat: einen Neutronenstern, der mit rasender Geschwindigkeit
rotiert und dabei regelmäßig Signale aussendet.

1974 wird den Entdeckern der Pulsare der Physiknobelpreis
verliehen – allerdings nicht Jocelyn Bell. Da sie im Auftrag ihres
Doktorvaters geforscht hat, erhält nicht sie die begehrte Aus-

zeichnung, sondern ihr Professor Anthony Hewish gemeinsam mit dem Astronomen Martin Ryle. Jocelyn Bell bleibt der Trost, ihre Dissertation mit einer wissenschaftlichen Sensation abzuschließen.

Wie man aus Kindern Spekulanten macht

Charles Darrow hat zuwenig zu tun und zuviel Zeit. Mit diesem Problem ist er 1930 nicht der einzige: Ganz Amerika stöhnt unter der Weltwirtschaftskrise. Darrow ist Heizungsmonteur und hat seine Familie bislang stets ernähren können, selbst für ein paar schöne Urlaubsreisen hat es gereicht. Vor allem im Küstenstädtchen Atlantic City haben sich die Darrows immer wohl gefühlt. Doch nun sitzt Charles am heimischen Küchentisch und kann nur noch von besseren Tagen träumen. Wehmütig malt er die Straßenzüge und eleganten Hotels von Atlantic City auf das Tischtuch. Aus Fingerhüten und Garnrollen werden Pensionen und Villen. Hätte er Geld, würde er sich dort am liebsten ein Hotel kaufen … Bald sitzt die ganze Familie am Tisch und läßt ihre Träume wahr werden – mit Spielgeld. Die Darrows spekulieren um Straßen, Grundbesitz und Immobilien und haben erstaunlich viel Spaß bei diesem Spiel. Darrow nennt es »Monopoly«.

> »Ihr könnt kein kapitalistisches System betreiben, wenn ihr keine Geier seid; ihr müßt das Blut von jemand anderem saugen, um Kapitalist zu sein.«
> *Malcolm X, 1964*

Auch Freunde und Nachbarn sind begeistert. Darrow stellt in Eigenproduktion einige Brettspiele her, ist aber schnell von der steigenden Nachfrage überfordert. Er muß die Produktion auslagern oder die Idee verkaufen. Da er sich bei der Entwicklung seines Spiels die kapitalistische Denkweise zu eigen gemacht hat, bietet er seine Idee dem Marktführer Parker Brothers an. Doch die Spieletester des großen Verlages lehnen Monopoly ab. Begründung: 52 Fehler und viel zu kompliziert. Darrow arbeitet von nun an zwölf Stunden täglich und produziert 5000 Spiele, die sich bis nach New York verkaufen. Nun erkennen auch die Chefs von Parker Brothers ihren Irrtum und erwerben am 31. Dezember 1935 schließlich doch noch die Rechte an Monopoly.

Das Spiel, geboren aus wirtschaftlicher Not, macht seinen Erfinder reich, als Charles Darrow 1967 stirbt, hinterläßt er ein Millionenvermögen. Mittlerweile ist Monopoly, das Spiel um Besitz, Kapital, Spekulation und andere kapitalistische Grundwerte, auf der ganzen Welt beliebt. Sicher auch in Kuba, China und Nordkorea – nur ist es dort bis heute verboten.

Charles Macintosh liebt Schottland. Aber der ewige Regen schlägt dem Chemiker aufs Gemüt und auf die Gesundheit, denn die Nässe zieht in jedes Kleidungsstück. Macintosh sucht nach einem Weg, sich den Regen buchstäblich vom Leib zu halten. Seit Monaten tüftelt er an der Herstellung wasserfester Kleidung. Nach zahllosen Versuchen meint er die Lösung gefunden zu haben: Er verklebt zwei Bahnen Baumwollstoff mit flüssigem Kautschuk und läßt sich aus dem neu entstandenen Gewebe einen Mantel schneidern. 1823 meldet Charles Macintosh den ersten Regenmantel zum Patent an. Benannt wird das neue Kleidungsstück nach seinem Erfinder: Macintosh.

Der weitgeschnittene Mantel ist einigermaßen bequem, aber die verklebten Stoffe sind viel zu schwer. Das größte Manko stellt sich jedoch erst nach längerem Tragen heraus: Wenn er naß ist, beginnt der Macintosh zu stinken, während er bei Hitze verklebt. Trotz dieser Makel ist er im regnerischen London ein echter Renner. Zwar beklagt das *Gentleman's Magazin of Fashion*, daß es mit den nassen, stinkenden Regenmänteln in der Stadt schwierig werden kann, im Bus mitgenommen zu werden, da sich die anderen Passagiere von dem durchdringenden Geruch gestört fühlen. Doch all das kann die Londoner in ihrer Begeisterung nicht bremsen.

Angespornt durch seinen Erfolg, schließt sich Macintosh mit dem Unternehmer Thomas Hancock zusammen. Gemeinsam entwickeln sie eine verbesserte Kautschukrezeptur und produzieren die zweite Regenmantelgeneration. Erhebliche Verbesserungen erreichen die beiden aber erst einige Jahre später, als Charles Goodyear 1839 mit der Vulkanisation ein Verfahren entdeckt, das Kautschuk widerstandsfähiger gegen ungünstige Wetterbedingungen und Abnutzung macht. Macintosh und Hancock wenden die Vulkanisation fortan auch bei der Herstellung ihrer Regenmäntel an und erreichen damit das Ziel ihrer Träume: Die Mäntel werden elastischer und dehnen sich bei Hitze nicht mehr aus. Gestank und Verklebungen entfallen.

Heute ist der bekannteste aller Regenmäntel der Trenchcoat, den nicht zuletzt der Filmkommissar Columbo berühmt gemacht hat. Aber auch den Vorreiter aller wasserabweisenden Oberbekleidung gibt es noch: Die kleine Glasgower Firma Mackintosh Rainwear produziert jedes Jahr noch etwa 20 000 Mäntel in Handarbeit.

Die schwarze Operndiva

Am 7. Januar 1955 öffnet sich der Vorhang in der New Yorker »Metropolitan Opera« für ein Konzert, das in die Geschichte eingehen wird. Die Ouvertüre des »Maskenball« von Verdi erklingt, und hinter dem Vorhang wartet die Sängerin Marian Anderson auf ihren Auftritt. Sie wird die erste Afroamerikanerin sein, die in dem traditionsreichen Opernhaus auftritt.

Die Operndiva stammt aus ärmlichen Verhältnissen: Marian Anderson wird am 17. Februar 1902 als Tochter eines Kohlen- und Stückeishändlers geboren, der stirbt, als sie zwölf Jahre alt ist. Die Mutter verdient fortan als Waschfrau ihr Geld, gerade genug, um Marian und ihre zwei Geschwister über die Runden zu bringen. Bereits mit sechs Jahren beginnt Anderson im Kirchenchor zu singen, doch erst mit 17 bekommt sie eine musikalische Ausbildung: Ein Freund stellt sie der Sopranistin Mary Saunders Patterson vor, die von dem jungen Mädchen begeistert ist. Weil die Andersons nicht genügend Geld haben, gibt die Sopranistin ihr kostenlosen Unterricht.

Von nun an ist Marians Aufstieg unaufhaltsam: Mit 27 Jahren singt sie in der »Carnegie Hall«, und nach einem Auftritt in Berlin 1930 gelingt ihr auch im Rest Europas der Durchbruch. Sie singt in Spanien und Rußland, in Skandinavien und England sogar vor den Königsfamilien. Dann kehrt Marian in die USA zurück. Als ein in der ehrwürdigen »Constitution Hall« in Washington geplantes Konzert abgesagt wird, nachdem die Betreiber, eine konservative Frauenvereinigung namens »Daughters of the Revolution«, erfahren haben, daß Anderson eine Farbige ist, brechen nationale Proteste aus – sogar die Frau des damaligen Präsidenten Roosevelt setzt sich für Anderson ein. Schließlich organisiert das Innenministerium ein Konzert: Am Ostersonntag 1939 strömen 75 000 Menschen vor das »Lincoln Memorial«, um Marian

Anderson singen zu hören, gleichzeitig erreicht ihre Stimme über das Radio Millionen von Hörern.

16 Jahre später betritt Marian Anderson dann zum ersten Mal die Bühne der Metropolitan Opera. Bis zum Ende ihrer Karriere sollte sie noch eine Reihe von Grenzen überwinden, die afro-amerikanischen Künstlern zuvor gesetzt waren. Und das allein kraft ihres Gesangs – von dem der italienische Dirigent Arturo Toscanini einmal sagte: »So eine Stimme kann man nur einmal in 100 Jahren hören.«

»Ich habe es nie geschafft, die Eigenschaften genau zu benennen, mit denen das Publikum ein Konzert erst zum wahren Erlebnis erhebt. Ich denke, die wichtigsten sind: Sympathie, Offenheit, Neugier, Vertrauen und eine gewisse Unterstützung deiner Anstrengungen.«

Marian Anderson

Das Jahr ohne Sommer

Im April 1815 ereignen sich im heutigen Indonesien gewaltige Vulkanausbrüche. Die Eruptionen des Tambora auf der Insel Sumbawa gehören zu den heftigsten, die die Menschheit je erlebt hat. Das Donnern der Ausbrüche ist Hunderte Kilometer weit zu hören. Zehntausende Menschen fallen den unmittelbaren Folgen des Unglücks zum Opfer. Und es bleibt nicht dabei: Asche und schwefelhaltige Gase, die der Vulkan herausgeschleudert hat, verdunkeln den Himmel so stark, daß nur noch wenige Sonnenstrahlen die Erdoberfläche erreichen. Die Verunreinigung der Atmosphäre verursacht im folgenden Jahr eine weltweite Abkühlung.

In vielen Gebieten Amerikas gilt das Jahr 1816 bis heute als das kälteste Jahr seit Beginn der Wetteraufzeichnung. Im Osten der USA schneit es selbst im Hochsommer, das Getreide fällt eisigen Nachtfrösten zum Opfer, im August frieren die Flüsse zu. Ähnlich sieht es in Europa aus: Die Mißernten führen zu Hungersnöten und Wirtschaftskrisen. Die Hungersnot in der Schweiz ist so groß, daß die Regierung den Notstand ausruft. Das katastrophale Wetter im Jahr ohne Sommer kann sich zu dieser Zeit jedoch noch niemand erklären, erst im 20. Jahrhundert erkennen Klimaforscher die Zusammenhänge zwischen dem Vulkanausbruch und der globalen Abkühlung.

Doch das Wetterphänomen hinterläßt noch ganz andere Spuren. Einige junge Engländer, die den Sommer in der Schweiz verbringen und wegen des schlechten Wetters kaum noch das Haus verlassen, schreiben Schauergeschichten, passend zu der düsteren Stimmung. Zu ihnen gehört neben dem umtriebigen Lord Byron auch die junge Mary Shelley. Ihr »Frankenstein« wäre wohl nie entstanden, hätte es nicht die Wetterkatastrophe von 1816 gegeben.

Der britische Informatiker Quentin Stafford-Fraser kann einen leisen Fluch nicht unterdrücken. Wieder einmal steht er vor einer leeren Kaffeekanne. Am Informatikinstitut der University of Cambridge forscht er rund um die Uhr und braucht seine tägliche Dosis Koffein. Doch eines der bestausgestatteten Computerinstitute verfügt Anfang der 90er Jahre über gerade eben eine Kaffeemaschine für 15 Kollegen. Die »Krups ProAroma« steht im sogenannten »Trojan Room«. Wer Glück hat, arbeitet direkt nebenan, wer Pech hat, muß bis dorthin lange Wege zurücklegen. Stafford-Fraser ist einer dieser Unglücklichen. Wie so oft hat der letzte Kollege vor ihm keinen frischen Kaffee aufgesetzt. Beim Wechseln des Filters kommt Stafford-Fraser eine Idee: Die Computer des Instituts sind miteinander vernetzt. Wenn man über diese Verbindung alle Kollegen über den Kaffeepegel informieren könnte, müßte keiner mehr umsonst gehen.

Am nächsten Tag installiert Stafford-Fraser eine Kamera im Trojan Room. Er schreibt ein Computerprogramm namens »Xcoffee« und stellt das Live-Bild der Krups ProAroma ins Netzwerk des Institutes: 1991 nimmt damit die erste Webcam der Welt ihren Betrieb auf. Die Welt bekommt freilich wenig davon mit, bis die Kamera 1993 mit dem World Wide Web verbunden wird. Unter www.cl.cam.ac.uk/coffee/coffee.html kann nun jeder mit Internetanschluß dem Kaffee beim Durchlaufen zusehen. Und die Leute zeigen ausgesprochen reges Interesse an diesem Phänomen: 2,3 Millionen Menschen besuchen in den folgenden Jahren die Krups ProAroma bei ihrer Arbeit. Obwohl, wie der Kamerabetreuer Daniel Gordon anmerkt, das Szenario ungefähr so spannend ist, wie Farbe beim Trocknen zuzusehen. User aus fernen Kontinenten bitten per E-Mail darum, nachts das Licht im Trojan Room anzulassen, damit auch andere Zeitzonen in den Genuß des

117

Anblicks der Krups ProAroma kommen – die Kaffeemaschine erringt in der Webcommunity Kultstatus. Entsprechend empört reagieren die Fans auf der ganzen Welt, als die betagte Krups 2001 ausrangiert werden soll. Schließlich versteigern die Cambridge-Wissenschaftler ihre Kaffeemaschine bei Ebay. Für umgerechnet gut 5 000 Euro geht die Internet-Ikone nach Hamburg und blubbert seither in der *Spiegel online*-Redaktion.

Der Kult um die göttlichen Amerikaner

Im Frühjahr 1944 tobt der Pazifikkrieg. Die amerikanischen Luft- und Seestreitkräfte treiben die Japaner zusehends in die Enge und errichten, um ihren Nachschub zu gewährleisten, in der Region immer mehr Luftwaffenstützpunkte. Irritiert sehen die Bewohner der kleinen Pazifikinsel Tanna, einer britischen Kolonie, den hochgewachsenen weißen Männern zu, wie sie auf ihrem kleinen Eiland Bäume fällen, Gebäude errichten und merkwürdige Dinge an Land bringen. Mit der Südseeidylle ist es vorbei: Von nun an dröhnen tagtäglich metallene Vögel über die Insel. Sie bringen Waffen – aber auch Nahrungsmittel, Geräte und Medizin. Die Insulaner verlieren ihre Scheu, denn die Besucher sind freundlich und lassen sie an ihren Gütern teilhaben. Der Wohlstand der Insel Tanna erhöht sich auf eine nie gekannte Art. Für die Inselbewohner läßt das alles nur einen Schluß zu: Die netten Weißen müssen ihnen wohlgesonnene Götter sein.

Diese Überzeugung macht die Beziehung für beide Seiten sehr harmonisch, bis im August 1945 der Job der Amerikaner erledigt ist. Japan kapituliert, der Krieg ist vorbei – nicht jedoch für die Tannaer. Von einem Tag auf den anderen landen keine wundersamen Fluggeräte mehr und bringen Nahrung. Die Insulaner wollen unbedingt, daß die Flugzeuge wiederkommen. Also versuchen sie, den Flughafenbetrieb selbst wieder aufzunehmen. Sie schneidern sich Uniformen, bauen Funkgeräte aus Holz und erteilen per Leuchtfeuer Landegenehmigungen an Flugzeuge, die einfach nicht kommen wollen.

Aus diesem hartnäckigen Wunschdenken entwickelt sich schnell ein Ritual um Waren aller Art: der sogenannte Cargo-Kult, der mit seiner Anrufung der westlichen Werte und Güter für erhebliche soziale Unruhe auf der Insel sorgt. Schließlich schicken die britischen Kolonialherren Truppen, es kommt zu ernsthaften Auseinandersetzungen. Die Lage beruhigt sich erst 1980, als Tanna unabhängig wird.

Noch heute feiern die Insulaner alljährlich den Cargo-Kult, der mittlerweile zu einer Touristenattraktion geworden ist, die der kleinen Insel viel Geld einbringt.

Reformen und Neuerungen durchzusetzen fiel noch keiner britischen Regierung leicht. Doch mit der Steuerreform von 1827 will das Oberhaus mehr als nur eine kleine Gesetzesänderung verwirklichen – das Leben der Briten wird sich tiefgreifend ändern. Denn von nun an wird eine neumodische Erfindung eingesetzt, um das Finanzwesen der Insel zu organisieren: Papier, bedrucktes, beschriftetes Papier. Das ist ein Schock für die Briten.

Seit 500 Jahren haben sie eine sehr eigenwillige Art der Buchführung, die ihnen so unangenehme Dinge wie Rechnungen, Quittungen oder Schuldscheine erspart. Sie dokumentieren sämtliche Geschäfte mit sogenannten Kerbhölzern: Für jeden Vorgang, ob Kauf, Vorschuß oder Leihgabe, wird auf einem länglichen Holzstück eine Kerbe eingeritzt. Das Holz wird der Länge nach geteilt; Schuldner und Gläubiger behalten je eine Hälfte. Am Zahltag werden die Hölzer verglichen und die Schulden getilgt. Als die Kerbhölzer nun von einem Tag auf den anderen wert- und bedeutungslos werden, wollen die traditionsbewußten Briten den Überresten ihres alten Rechnungswesens eine angemessene Ruhestätte geben. Millionen von Kerbhölzern sollen im Keller des altehrwürdigen Parlamentsgebäudes aufbewahrt werden. Schon 1834 sind die Finanzreliquien allerdings nur noch im Weg und sollen die Öfen des Parlamentsgebäudes anheizen. Doch ein unachtsamer Hausmeister und ein paar überspringende Funken lassen ein Feuer ausbrechen, dessen Flammen auf das Parlamentsgebäude übergreifen – binnen einer Nacht liegt das politische Zentrum Großbritanniens in Schutt und Asche.

46 Jahre später ist sich der Architekt Sir Charles Barry der historischen Verantwortung wohl bewußt, als er den neogotischen Bau mit dem imposanten Glockenturm entwirft, der 1870 eingeweiht wird: Gleichsam aus der Asche der Kerbhölzer sind

somit »The Houses of Parliament« und der »Big Ben« entstanden. Beide sind seither aus dem Stadtbild Londons nicht mehr wegzudenken.

Pekuniäre Redensarten:

1. »Jemandem Geld abknöpfen« – Seinen Reichtum zeigte man früher bisweilen, indem man Silbermünzen anstelle von Knöpfen trug – und sich somit der Gefahr aussetzte, sich diese unfreiwillig abnehmen zu lassen.
2. »Kapital aus einer Sache schlagen« – Als es noch keine Maschinen dafür gab, wurden die Münzen mit der Hand aus geprägten Metallplatten geschlagen.
3. »Vom Hundertsten ins Tausendste kommen« – Seit dem Mittelalter wurde Geld mit Hilfe von Rechenbrettern gezählt, auf denen waagerechte Linien die Dezimalstellen, sprich die Einer, Zehner, Hunderter, Tausender etc., anzeigten. Verrutschte man beim Zählen der Münzen in der Zeile, veränderte sich der Wert gleich um das Zehnfache.

Alaska amortisiert sich

Rußlands Zar Alexander II. kämpft 1867 an vielen Fronten. Der Expansionsdrang des russischen Reiches reißt tiefe Löcher in die marode Staatskasse. Allein der Krimkrieg gegen die Briten verschlingt Unsummen. Und auch die Kolonie Alaska kostet mehr, als sie einbringt – um genau zu sein: Sie bringt gar nichts ein und kostet ein Vermögen. Während die Pelztiere, auf die Alexander eigentlich seine Hoffnungen gesetzt hat, beinahe ausgerottet sind, entpuppen sich die indianischen Einwohner Alaskas als feindselige Gegenspieler, die hohen Blutzoll fordern. Alexander weiß: Er muß diese Kolonie abstoßen. Und einen Dummen, dem er das wertlose Land andrehen kann, hat er auch schon. US-Präsident Andrew Johnson will den ungeliebten Nachbarn Kanada in die Zange nehmen. Was könnte sich besser dafür eignen, als eine neue Kolonie im äußersten Nordwesten des Nachbarlandes?

Die Verhandlungen der Russen mit US-Außenminister Seward kommen gut voran. Seward freut sich über einen vergleichsweise niedrigen Preis, Alexander über schnelles Geld. Im Frühjahr 1867 sind die Vereinigten Staaten um 7,2 Millionen Dollar ärmer und um 1,5 Millionen Quadratkilometer Berge, Eis und Schnee reicher. Der Hohn der Opposition und der Presse ist beispiellos: Der *New York Herald* schlägt vor, verarmte europäische Monarchen, die ein Stück wertloses Land zu verkaufen hätten, sollten sich an »W. H. Seward, State Department, Washington, D. C.« wenden. Spötter nennen Alaska in Anspielung an Präsident Johnsons Alkoholismus »Johnsons polaren Biergarten«.

Doch, als fünf Jahre später in Alaska das erste Gold entdeckt wird und 1897 schließlich das legendäre Goldfieber ausbricht, verstummen die boshaften Zungen. Selbst nachdem die Goldvorräte 1945 erschöpft sind, findet man wenige Jahre später noch riesige Erdölvorkommen, außerdem Kupfer, Chrom und Platin. Johnsons Investition von sieben Millionen Dollar hat sich damit in 130 Jahren mehr als gelohnt.

Sexstreik in Sirtköy

Die Frauen von Sirtköy haben 2001 ein Problem: In ihrem 600-Seelen-Dorf nahe des türkischen Urlauberparadieses Antalya gibt es kein Wasser mehr. Ausgerechnet in einer Region, die ansonsten für ihren Wasserreichtum bekannt ist, rinnt seit Wochen kein Tropfen mehr durch die Leitungen. Der Grund dafür: Bereits vor Monaten ist das 27 Jahre alte Versorgungssystem in Sirtköy zusammengebrochen. Seitdem muß frisches Wasser mühsam ins Dorf geschafft werden. Mit Eseln und großen Kanistern ziehen die Frauen des Dorfes jeden Tag los, um Wasser aus einer kilometerweit entfernten Quelle zu schöpfen. Ihre Männer vergnügen sich in dieser Zeit mit Kartenspielen und Teetrinken im Café.

Schließlich reicht es den Frauen von Sirtköy. Sie beschließen, zu ungewöhnlichen Mitteln zu greifen, und nehmen sich die Frauen von Athen aus der »Lysistrate« des griechischen Komödiendichters Aristophanes zum Vorbild – immerhin ist es denen gelungen, ihre Ehemänner per Liebesentzug zu zwingen, dem jahrelangen Krieg mit Sparta ein Ende zu machen. Mit einer solchen Drohung machen nun auch die Frauen von Sirtköy ihrem Ärger Luft: Falls die Männer der Dorfes nicht unverzüglich für eine Reparatur des Wassersystems sorgen, werden die Frauen bis auf weiteres jegliche Aktivität in den Ehebetten einstellen, verspricht die Anführerin der rebellischen Dorfdamen, die 63jährige Fatma Sari, kämpferisch. Ein Kochstreik wird von den Frauen ebenfalls in Erwägung gezogen. Doch da auch ihre Kinder unter der mangelnden Ernährung zu leiden hätten, verwerfen sie diese Idee schnell wieder. Den Liebesstreik hingegen wollen sie bis zum bitteren Ende durchhalten.

Allein die Ankündigung zeigt Wirkung bei den Männern von Sirtköy: Unverzüglich setzt sich Dorfvorsteher Ibrahim Sari mit dem zuständigen Verwalter der Provinz Manavgat in Verbindung und schildert das Problem. Landrat Mehmet Capraz hält die Sache zunächst für einen Scherz. Als ihm jedoch die Ernsthaftigkeit bewußt wird, vergeht ihm schnell das Lachen. Er zeigt sich solidarisch mit seinen Landsmännern und verspricht rasche Hilfe. Eine neue neun Kilometer lange Wasserleitung soll gebaut werden, allerdings erst im nächsten Jahr. Bis dahin müssen die Männer von Sirtköy durchhalten.

Nur wenige Wochen später folgt eine Reihe Göttinger Frauen dem Beispiel der wehrhaften Frauen von Sirtköy. Diesmal geht es nicht um Wasser, sondern um sanitäre Gebräuche: Die Göttingerinnen wollen ihren Männern so lange die ehelichen Pflichten verweigern, bis diese das Urinieren im Sitzen gelernt haben.

Der Zwergstaat Neutral-Moresnet

1815: Der Rauch über den Schlachtfeldern Europas hat sich verzogen, Napoleon ist geschlagen, und die alten Feudalmächte Österreich, Rußland und Preußen ziehen die Grenzen Europas neu. Auch Preußen und das Königreich Niederlande verhandeln über den Grenzverlauf zwischen beiden Ländern. Dabei kommt es zum Streit um eine kleine Gemeinde nahe Aachen. Moresnet ist winzig und dennoch von wirtschaftlichem Interesse, da dort seit Urzeiten Zinkerz abgebaut wird. 55mal treffen die Vertreter Preußens und der Niederlande in der folgenden Zeit aufeinander, ohne zu einem Ergebnis zu kommen. 1816 einigt man sich schließlich darauf, das Filetstück – jenen Teil Moresnets, in dem das begehrte Erz abgebaut wird – gemeinschaftlich zu verwalten. Preußen und die Niederlande sichern sich gegenseitig militärische Zurückhaltung zu, bis eine endgültige zwischenstaatliche Lösung gefunden ist – wozu es jedoch niemals kommt. So beginnt die kuriose Geschichte des europäischen Zwergstaates Neutral-Moresnet.

Für seine 256 Bürger ändert sich das Leben gleichsam über Nacht. Der Bergbau prosperiert, wirtschaftlicher Aufschwung setzt ein, Schulen und Sparkassen entstehen. Das staatliche Provisorium entwickelt sich zu einem Steuer- und Zollparadies mit munterem kleinen Grenzverkehr und ebenso reger Schmugglertätigkeit. Immer mehr Niederländer, Belgier und Deutsche leben in dem Provisorium, und mit dem Anstieg der Bevölkerungszahl werden bald Rufe nach staatlicher Unabhängigkeit laut. Neutral-Moresnet wird zu einem dreisprachigen Vielvölkerzwergstaat. Kein Wunder, daß die Anhänger der Kunstsprache Esperanto den Ort zu ihrer Hauptstadt wählen. Ein eigener Postdienst, eigene Briefmarken und eine eigene Flagge werden entworfen. Der Geist der Völkerverständigung weht durch die Gemeinde, die 1914 bereits 4 668 Einwohner zählt.

Doch dann macht der Erste Weltkrieg der neutralen Idylle ein Ende: Deutsche, Belgier und Niederländer, die friedlich nebeneinander lebten, stehen sich plötzlich an der Front gegenüber. 1919 fällt Neutral-Moresnet an Belgien und heißt seither »Gemeinde Kelmis«. Der humanistische Geist aus der Zeit zwischen den Kriegen wirkt bis heute nach, und auch Esperanto wird noch an vielen Schulen in Kelmis unterrichtet.

Die zehn kleinsten Staaten der Welt:

- Vatikanstadt   0,44 km²
- Monaco   1,95 km²
- Nauru   21 km²
- Tuvalu   26 km²
- San Marino   61,2 km²
- Lichtenstein   160 km²
- Marshallinseln   181 km²
- St. Kitts und Nevis   269 km²
- Malediven   298 km²
- Malta   316 km²

24 Wagenladungen Korn, acht Mastschweine, vier Kühe, vier Fässer Bier, 1000 Pfund Butter und ein paar Tonnen Käse – all das bietet auf der jährlichen Auktion in Alkmaar ein einzelner Käufer für den »Vizekönig«, eine besonders seltene Tulpensorte. Anfang des 17. Jahrhunderts sind diese Summen für einzelne Tulpenzwiebeln in Holland keine Seltenheit: Bis zu 10000 Gulden werden auf dem Höhepunkt des Tulpenwahns für die exotischen Pflanzen aus dem fernen Konstantinopel bezahlt.

Die Manie um die Tulpe hat sich rasch in dem kleinen Land verbreitet: Sind es wenige Jahre zuvor nur einige Damen, die Tulpen im Dekolleté oder im Haar tragen, gelten die Pflanzen 1634 bereits weit mehr als ein schickes Accessoire, das Reichtum und Wohlstand bezeugen soll. Die Nachfrage nach den orientalischen Blumen steigt ständig an, und mit ihr steigen die Preise. Die Tulpe ist vom Statussymbol zum Spekulationsobjekt geworden. Die aufkommende Hysterie wird dabei nicht etwa von Gärtnern oder Blumenliebhabern angefacht, sondern von den sogenannten Floristen – professionellen Blumenhändlern, die die Menschen zum Kauf verführen. Die meisten Auktionen finden in Wirtshäusern und Kneipen statt, denn längst ist der Tulpenhandel kein Privileg der Oberschicht mehr. Im Rausch des Alkohols wollen alle mit der Tulpe das große Geld machen: Handwerker, Bauern und Politiker kaufen Optionen auf Tulpenzwiebeln, die bei der nächsten Auktion gewinnbringend wieder verkauft werden sollen.

Da niemand weiß, wie die Pflanzen, die vom ersten Samen bis zur Blüte etwa sechs Jahre Wachstumszeit brauchen und zum Zeitpunkt ihrer Versteigerung oft noch in der Erde schlummern, später aussehen werden, engagieren die Verkäufer Maler. Allein im niederländischen Utrecht verdienen nun um die 400 Künstler aus ganz Europa mit der Anfertigung teilweise überaus kostbarer

Tulpenportraits ihren Lebensunterhalt. Die Preise steigen unterdessen immer weiter, eine einzige Tulpe ist bald soviel wert wie ein Herrenhaus in der Amsterdamer Innenstadt. 1637 kommt es zum traurigen Höhepunkt der Tulpenmanie und einem der größten Börsencrashs der Geschichte: Für die mittlerweile unbezahlbaren Tulpenzwiebeln finden sich bei der letzten großen Auktion keine Käufer mehr, weshalb sie in der Folge rapide an Wert verlieren und große Teile der Bevölkerung in den finanziellen Ruin stürzen. Nun ergreift auch die niederländische Regierung Maßnahmen, um die Spekulationshysterie endgültig zu beenden. Doch die besondere Beziehung zur Tulpe bleibt dem Land erhalten: Der Großteil des weltweiten Tulpenbedarfs wird bis heute von niederländischen Züchtern gedeckt.

Die Blutgräfin

Etwa um 1580 werden in Čachtice, einem kleinen Bauerndorf in den Weißen Karpaten, mehrere junge Mädchen vermißt. Sie alle haben ihren Lebensunterhalt als Hausmädchen in der Burg oberhalb des Ortes verdient. Dort lebt die Gräfin Elisabeth Bárthory mit ihren Dienern und ihrem Mann Franz Násdasdy, der jedoch häufig fort ist, um gegen die Türken zu kämpfen.

Die Dorfbewohner beschuldigen Gräfin Bárthory, etwas mit dem Verschwinden der Mädchen zu tun zu haben, denn immer wieder sind nachts aus der Richtung des Schlosses Schreie zu hören und Mütter, die sich zum Schloß aufmachen, um den Verbleib ihrer Töchter aufzuklären, kehren nie wieder ins Dorf zurück. Aber ihr Adelsstand schützt die Gräfin, die aus einer der einflußreichsten Familien des Landes stammt – alle Verdächtigungen der Dorfbevölkerung werden einfach als Dreistigkeit abgetan. So werden über viele Jahre keine Nachforschungen angestellt.

Zu jener Zeit ist es in den Adelsfamilien üblich, die eigenen Kinder an andere Höfe zu schicken, um dort ihre Erziehung zu vervollkommnen – und die Gräfin Bárthory nimmt besonders gern junge Mädchen bei sich auf. Erst als diese Mädchen ebenfalls spurlos verschwinden, beginnt man endlich auch in höheren Kreisen Verdacht zu schöpfen. Am Morgen des 29. Dezember 1610 stürmen schließlich königliche Gendarmen die Burg. Ihnen bietet sich ein grauenhafter Anblick: Überall liegen Leichen und Leichenteile, in dunklen Ecken wimmern noch lebende Opfer.

Was genau sich hinter den Burgmauern von Čachtice über Jahre abgespielt hat, bleibt umstritten. Elisabeth Bárthory nennt man jedoch nur noch die »Blutgräfin«: Es wird kolportiert, sie und ihre Bediensteten hätten Ströme von Blut vergossen, sie hätte das Blut der Mädchen getrunken und darin gebadet, um ihre

Jugend zu erhalten. In einer Gerichtsverhandlung werden der Blutgräfin und ihren Dienern 80 Morde nachgewiesen. Später taucht ein Buch mit Bárthorys Handschrift auf, in dem die Namen von 650 Frauen aufgelistet sind. Elisabeth Bárthory wäre damit die blutrünstigste Serienmörderin in der Geschichte der Menschheit.

Die Diener der Blutgräfin werden zum Tode verurteilt und auf dem Scheiterhaufen verbrannt. Sie selbst wird im Turm ihrer Burg eingemauert und erhält fortan nur noch durch eine kleine Klappe Essen gereicht. Vier Jahre später wird die Blutgräfin in ihrem Kerker tot aufgefunden.

1897 veröffentlichte der Ire Bram Stoker seinen weltberühmten Roman »Dracula«, für den er in Bibliotheken und Archiven sieben Jahre lang die Geschichte und Kultur des Balkans studiert hatte. Vorbild seiner Vampirfigur war die Legende des rumänischen Prinzen Vlad III. Draculea, Herrschers der Walachei im 15. Jahrhundert und laut mancher Quellen ein Vorfahr der Blutgräfin, deren Greueltaten der Vampirsaga ebenfalls als Inspirationsquelle dienten.

Die Schweizer Hochseeflotte

Ende 1940 erreicht der Zweite Weltkrieg auch die Schweiz. Obwohl sich die Eidgenossen traditionell neutral verhalten, werden sie ungewollt in die Geschehnisse mit hineingezogen. Bereits während des Ersten Weltkriegs mußten sie die Erfahrung machen, daß die Auseinandersetzung zwischen ihren Nachbarländern nicht unerhebliche Auswirkungen auf ihr eigenes Leben hatte: Von seinen Handelspartnern isoliert, wurde die Versorgungslage des kleinen Alpenstaates immer schwieriger.

Diese Krise droht sich nun zu wiederholen: Seit die Deutschen den Schiffsverkehr zwischen Karlsruhe und Basel unterbrochen haben, ist der Rhein-Rhône-Kanal unerreichbar geworden. Dadurch ist die Schweiz von allen wichtigen Nordsee- und Mittelmeerhäfen abgeschnitten.

Um den Versorgungsengpaß zu beseitigen, entschließt sich der Schweizer Bundesrat zur Verwirklichung einer Idee, die schon seit längerem in der Schublade schlummert: die Gründung einer eigenen Hochseeflotte. Bereits im Jahr 1862 hatte der Schweizer Bundesrat erstmals bei den Großmächten der Seefahrt um Unterstützung für diesen ehrgeizigen Plan geworben. Doch die Anrainerstaaten der Sieben Weltmeere reagierten mit Unverständnis und Abwehr auf das Anliegen der Eidgenossen – warum sollte ein kleines Binnenland ohne Meerhafen eine eigene Hochseeflotte besitzen, lautete ihr Gegenargument. 80 Jahre später lassen sich die Männer aus dem Schweizer Bundesrat nicht mehr so leicht abwimmeln. Ohne auf das Einverständnis der traditionellen Seefahrernationen zu warten, setzen sie ihren langgehegten Plan kurzerhand in die Praxis um: Von den Großmächten der Seefahrt belächelt, kreuzen ab dem 9. April 1941 die ersten Frachter unter Schweizer Flagge durch die Weltmeere, um die Versorgung des kleinen Binnenlandes während des Zweiten Weltkriegs zu sichern.

Bis in die 80er Jahre schippern alljährlich rund 25 eidgenössische Schiffe über die Ozeane, die der Schweiz den unangefochtenen Spitzenplatz hochseetüchtiger Binnennationen bescheren. Erst 1991 werden die Eidgenossen von einer anderen, gleichsam wenig beachteten Binnenschiffahrtsnation überholt: dem Großherzogtum Luxemburg.

Das große Feuer von London

Als an einem Septemberabend des Jahres 1666 der Londoner Bäcker Thomas Farrinor seine Backstube abschließt, hat er eine wichtige Kleinigkeit vergessen: Er hat die Glut im Ofen nicht gelöscht. Kurze Zeit später springt ein Funken auf die Holzvorräte über. Es dauert nicht lange, und das Haus steht vollständig in Flammen. In ganz London findet man zu dieser Zeit mittelalterliche Fachwerkhäuser, die aus Holz und Lehm gebaut sind. Die Dächer sind mit Stroh gedeckt, die Holzbalken mit Pech getränkt. Die leicht brennbaren Materialien sorgen dafür, daß das Feuer sich in den dichtbebauten Straßen rasch ausbreitet. Farrinor und seine Familie können noch fliehen. Doch schon kurz darauf wird ein Dienstmädchen das erste Opfer der Flammen.

Als Oberbürgermeister Bloodworth mitten in der Nacht geweckt wird, zeigt er sich unbeeindruckt. Er wirft einen Blick aus dem Fenster und meint: »Pah! Das kann doch eine Frau auspinkeln!« Er irrt sich. Bald erreichen die Flammen die Lagerhäuser mit den Öl- und Teervorräten. Das Feuer ist nun so mächtig, daß sich ihm niemand mehr nähern kann. Die Londoner retten ihre Habseligkeiten und fliehen aus der Stadt. Erst drei Tage später, als der Wind sich dreht und die apokalyptischen Flammen nicht weiter anfacht, kann der Brand unter Kontrolle gebracht werden. Nur wenige Menschen kommen ums Leben, doch schätzungsweise vier Fünftel Londons sind zerstört.

Die mittelalterliche Fachwerkstadt ist von einem Tag auf den anderen verschwunden, und beim Wiederaufbau sorgt die Baugesetzgebung für Reihenhäuser aus Backstein mit standardisierten Fassaden. Diese erweisen sich als vorteilhaft für die Gesundheit der Londoner: Während die Stadt vor dem Feuer spätestens alle 30 Jahre von einer Pestwelle heimgesucht wurde, lebt es sich in den neu entstandenen Backsteinhäusern wesentlich gesünder, und die Pest bricht nie wieder aus.

Fünf Stadtbrände:

1. Rom, 64 – große Teile des antike Rom gehen unter
2. Hamburg, 1842 – mehr als ein Viertel der Stadtfläche wird verwüstet
3. San Francisco, 1906 – mindestens 700 Tote bei Feuern nach einem Erdbeben
4. Chicago, 1871 – 200 bis 300 Tote, circa 17000 zerstörte Gebäude
5. Lissabon, 1988 – Teile des Altstadtviertels Chiado werden zerstört

VII. Made in Germany

Der Nazi-Wald von Zernikow

1992 wird im Kutzerower Wald bei Zernikow eine skurrile Hinterlassenschaft der Nationalsozialisten entdeckt. Jahrzehntelang stand sie unberührt, rund 110 Kilometer nordöstlich von Berlin in der Uckermark, überdauerte unbeschadet das Kriegsende und erlebte Gründung und Niedergang der DDR. Erst durch Luftaufnahmen, die zur Aufspürung von Bewässerungslinien gemacht werden, kommt das vergessene Nazi-Symbol Anfang der 90er Jahre zufällig wieder zum Vorschein: ein 60 mal 60 Meter großes Hakenkreuz aus rund 100 Lärchen inmitten eines Kiefernwaldes. Wer den Nazi-Hain im Jahr 1938 pflanzte, läßt sich nicht mehr klären. Entweder war es der damalige Waldbesitzer Rittmeister Hans von Wedel, ein strammer Nationalsozialist und Förster namens Walter Schmidt oder sogar die Zernikower selbst, die sich mit der Pflanzung des Wäldchens beim NS-Arbeitsdienst für den Bau der Dorfstraße bedanken wollten.

Im Frühjahr und im Herbst, wenn sich die Lärchennadeln erst gelb und dann braun verfärben, zeichnet sich das Hakenkreuz auch mehr als fünf Jahrzehnte später noch gegen die immergrünen Kiefern ab. Allerdings ist das verfassungswidrige Symbol nur aus der Vogelperspektive ab einer Höhe von 300 Metern zu erkennen. Für den Eigentümer, die bundeseigene Bodenverwertungs- und Verwaltungsgesellschaft stellt sich dennoch die Frage: Darf man gesunde Bäume abholzen, um ein verfassungswidriges Symbol zu tilgen? Naturschutz und *Political Correctness* stehen sich auf den Füßen. Nach botanischen Grundsätzen sind die Lärchen noch zu jung, um einfach gefällt zu werden. Doch am Ende siegt die Überzeugung, daß der Nazi-Wald verschwinden muß. 1995 wird deshalb ein Teil der Lärchen abgeholzt.

Damit sollte der braune Spuk im grünen Wald eigentlich vorüber sein. Doch bereits fünf Jahre später hat sich das Lärchen-Hakenkreuz so weit regeneriert, daß es wie eh und je zwischen den Kiefern leuchtet. Erneut setzt sich eine Kommission zusammen, die darüber entscheiden muß, was mit dem hartnäckigen Nazi-Symbol geschehen soll. Diesmal einigt man sich auf eine radikalere Lösung: Am 4. Dezember 2000 rückt Revierförster Ulrich Koch mit seinen Mannen aus und macht dem mittlerweile 62 Jahre alten Nazi-Wald ein für allemal ein Ende. Alles, was von dem NS-Baumschmuck nach ihrem Motorsägeneinsatz noch bleibt, ist ein rechter Winkel auf einem kleinen Zipfel Privatgrund im Kutzerower Wald.

Cayo Ernesto Thälmann

Als Fidel Castro im Juni 1972 auf dem Ost-Berliner Flughafen Schönefeld landet, hat er ein sonniges Mitbringsel für Erich Honecker im Gepäck. Auf einer großen Landkarte zeigt der Máximo Líder seinem Gastgeber ein kleines unbewohntes Eiland vor der kubanischen Südküste: »Cayo Ernesto Thälmann« soll die winzige Karibikinsel zu Ehren des im KZ ermordeten Kommunistenführers zukünftig heißen. Der SED-Chef zeigt sich hocherfreut über die noble Geste. Die DDR-Nachrichtensendung »Aktuelle Kamera« berichtet ausführlich über Castros großzügiges Geschenk, und das *Neue Deutschland* titelt am 20. Juni 1972 euphorisch: »Fidel schenkt der DDR eine Insel.«

Zur Einweihung eines riesigen Ernst-Thälmann-Denkmals am »Playa DDR«, dem Sandstrand der kleinen Insel, schickt Honecker im Spätsommer Botschaftsrat Gerhard Witten, einen Handelsattaché und einen Offizier des DDR-Schulungsschiffes Gottlieb Fichte. Gemeinsam mit dem ersten Sekretär der kubanischen Jugend und leicht bekleideten Karibikschönheiten weihen sie am 18. August 1972 anläßlich Thälmanns Todestag die vier Meter hohe Büste ein. Anschließend fällt das 20 Kilometer lange und 500 Meter breite Eiland zurück in seinen Dornröschenschlaf.

Erst drei Jahre später rückt Cayo Ernesto Thälmann wieder ins öffentliche Bewußtsein der DDR: Im Fernsehen stapft Schlagerbarde Frank Schöbel mit hochgekrempelten Hosen durch weißen Sand und azurblaues Wasser. Die Aufnahmen zu seiner Sendung »Unterwegs mit Musik auf Kuba« wurden am »Playa DDR« auf der unbewohnten kleinen Insel gemacht. Danach gerät das unbewohnte karibische Eiland erneut in Vergessenheit – bis die Wiedervereinigung Deutschlands im Jahr 1990 auch die Territorialfrage nach der Cayo Ernesto Thälmann aufwirft:

Wurde die Insel 1972 der DDR geschenkt? Hat die neue Bundesrepublik nun ein 17. Bundesland mitten in der Karibik? Die diplomatische Antwort aus Kuba: Ja, es sei eine Schenkung gewesen – doch sie habe lediglich symbolischen Charakter gehabt. Und auch das Auswärtige Amt sieht keine völkerrechtlichen Konsequenzen für Fidels noble Geste. Eine Schenkungsurkunde existiert nicht. So bleibt der steinerne Ernst Thälmann weiter der einzige Bewohner der nach ihm getauften Insel. Allerdings hat er sich inzwischen in den weißen Sand der Playa DDR gelegt. Keine Revolution hat ihn vom Sockel geholt, sondern die Widrigkeiten des karibischen Wetters: Es ist Hurricane Mitch, der Teddy stürzt.

Die Geburt der Barbie-Puppe

Als Reinhard Bentheim Anfang der 50er Jahre einen Comicstrip für die *BILD*-Zeitung entwirft, ahnt er nicht, was er damit auslöst. Hauptfigur des Strips ist eine wohlproportionierte Blondine namens Lilli. Vor allem männliche Zeitungsleser, die das Boulevardblatt wegen der offenherzigen Pin-up-Girls kaufen, sollen sich von der üppigen Lara-Croft-Vorfahrin angesprochen fühlen. Daß Lilli jedoch auch noch für ganz andere Käuferschichten interessant ist, zeigt sich wenig später, als sie in Puppenform auf den Markt kommt. Eigentlich als Scherzartikel für hormonell überversorgte Männer gedacht, erfreut sich Lilli nun vor allem unter Kindern wachsender Beliebtheit. Auch eine amerikanische Geschäftsfrau kauft während eines Europaaufenthalts ein Exemplar der eigenwilligen Plastikfrau. Seit Spielzeugfabrikantin Ruth Handler festgestellt hat, daß ihre Tochter Barbara lieber mit Puppen spielt, die Erwachsenen statt Babys ähneln, ist sie stets auf der Suche nach Modellen dieser Art. Und Lilli ähnelt ganz sicher mehr einer erwachsenen Frau als einem Kind.

Zurück in den USA, kommt Ruth die Idee, daß ihre Tochter vielleicht nicht das einzige Mädchen sein könnte, das mit Baby- und Kinderpuppen nicht viel anfangen kann. Vor allem auf ihrem Weg in die Pubertät orientieren sich Kinder lieber an erwachsenen Vorbildern. Gemeinsam mit ihrem Mann und Geschäftspartner Elliot erwirbt Ruth Handler deshalb die Vermarktungsrechte an der vollbusigen Lilli. In leicht abgespeckter Form tritt das deutsche Fräuleinwunder anschließend unter dem Kosenamen ihrer Tochter seinen Siegeszug um die Welt an: Barbie.

Bereits in den ersten Jahren nach der Markteinführung ist die Nachfrage so groß, daß die 1945 von Ruth und Elliot gegründete Spielwarenfirma Mattel aus allen Nähten zu platzen droht. Jedes Mädchen auf der Welt will seine eigene kleine Barbie haben, die es frisieren, schminken und ankleiden kann. Der Erfolg ist so gewaltig, daß Ruth Handler nicht lange zögert, der einsamen Puppenlady einen gleichwertigen männlichen Partner an die Seite zu stellen, der seine Barbie auf Händen – natürlich in aller Keuschheit – durchs Puppenleben trägt. Der Name ist schnell gefunden und leicht zu merken: Ken. So heißt schließlich der Sohn von Ruth und Elliot Handler. Und auch Ken erweist sich schnell als phänomenaler Erfolg: Heute werden täglich rund 172 900 Barbies, Kens und ihre Anverwandten verkauft – das sind nicht weniger als zwei Puppen pro Sekunde.

Zehn Freunde und Verwandte von Barbie:

1. Ken – von 1961 bis 2004 Barbies fester Freund
2. Blaine – Surfer und Barbies neuer Freund
3. Midge – seit 1963 Barbies Freundin
4. Skipper – seit 1965 Barbies kleine Schwester
5. Francie – seit 1966 Barbies Cousine
6. P. J. – von 1970 bis 1984 Barbies englische Freundin
7. Becky – Rollstuhlfahrerin und seit 1997 Barbies Freundin
8. Shelly – seit 1997 Barbies Baby-Schwester
9. Kayla – seit 2002 Barbies latinoamerikanische Freundin
10. Lea – seit 2002 Barbies asiatische Freundin

Die arabische Konkurrentin zur westlichen Barbie nennt sich Fulla. Fulla ist Muslima und trägt das traditionelle Abbaja-Gewand mit Kopftuch, einen langen Rock und eine langärmelige Bluse.

Die Einführung der Moskauer Zeit in Berlin

Daß mit dem Zusammenbruch der Nazi-Diktatur eine neue Zeit angebrochen ist, macht Berlins erster Stadtkommandant Nikolai Bersarin gleich bei seinem Amtsantritt klar: Am 20. Mai 1945, zwölf Tage nach Unterzeichnung der Kapitulationsurkunde, erläßt Bersarin den »Befehl Nr. 4«, der den Berlinern eine besondere Verbindung mit der sowjetischen Siegermacht beschert: »Bis zur Herausgabe besonderer Anweisungen ist in der Stadt Berlin nach Moskauer Zeit zu arbeiten«, lautet Bersarins eigentümliche Anweisung.

Der sowjetische Stadtkommandant hat zu diesem Zeitpunkt allein das Sagen in der ehemaligen Reichshauptstadt. Die westalliierten Truppen rücken erst im Juli 1945 in Berlin ein. Bersarins seltsamer Befehl hat einen simplen Hintergrund: Der Stadtkommandant will die Verwaltungsvorgänge nach sowjetischem Vorbild synchronisieren und Telefongespräche mit seinen Vorgesetzten im Kreml vereinfachen und läßt deshalb die Zeit in Berlin einfach eine Stunde vorstellen. Allerdings ist dem Generaloberst bei seinem genialen Plan entgangen, daß die Uhren im Rest Deutschlands weiter nach der westeuropäischen Zeit ticken. So ergibt sich die absonderliche Situation, daß die Berliner ihren Nachbarn außerhalb der Stadtgrenze von nun an immer eine Stunde voraus sind. Wenn es in Potsdam 12 Uhr schlägt, ist es in der alten Hauptstadt bereits 13 Uhr.

Lange läßt sich das Leben nach sowjetischen Uhren in Berlin allerdings nicht durchhalten. Spätestens mit dem Einmarsch der westlichen Siegermächte in Berlin Anfang Juli regt sich Widerstand gegen Bersarins eigenmächtiges Zeitmodell. Vor allem die Engländer verspüren wenig Lust, ihren Fünf-Uhr-Tee nach russischem Rhythmus zu schlürfen.

Im September werden die Uhren auf Drängen der Westalliierten wieder um eine Stunde zurück gestellt. Die Berliner dürfen von nun an wieder nach der westeuropäischen Zeit ihr Tagwerk verrichten.

Nikolai Bersarin erlebt die Rücknahme seines kuriosen Befehls nicht mehr. Der erste Berliner Stadtkommandant ist bereits im Juni bei einem Motorradunfall gestorben – noch nach Moskauer Zeit. Im Mai 1975 wird Bersarin posthum zum Ehrenbürger Ost-Berlins gemacht, nach der Vereinigung beider deutscher Staaten streicht man seinen Namen jedoch zunächst aus der Gesamtliste Berliner Würdenträger. Erst am 11. Februar 2003 wird der Mann, der die Berliner vier Monate nach Moskauer Zeit arbeiten und leben ließ, wieder in die Ehrenbürgerliste aufgenommen.

Das Gütesiegel »Made in Germany«

Franz Reuleaux schüttelt mißmutig den Kopf. Fast alles, was der Vorsitzende der deutschen Jury auf der Weltausstellung in Philadelphia 1876 zu Gesicht bekommt, erregt seinen Ärger. Bestenfalls Krupps Kanonen und der Otto-Motor können mit den Errungenschaften vom Rest der Welt mithalten. Alle anderen Produkte aus deutschen Landen sind minderwertig oder weisen schwere technische Mängel auf. Die Industrieschau ist für das Deutsche Reich ein einziges Debakel.

Reuleaux formuliert es in einem Brief kurz und vernichtend: »Deutschland hat das Prinzip ›billig und schlecht‹«, schreibt er in die Heimat. Im internationalen Vergleich könnten die deutschen Produkte kaum mithalten. Mit seinem Urteil zieht sich der Professor der Technischen Hochschule Berlin-Charlottenburg den Zorn seiner Landsleute zu. Sein französisch klingender Name wird Reuleaux knapp fünf Jahre nach Beendigung des deutsch-französischen Krieges nun beinahe zum Verhängnis. Reuleaux wird von der Presse als Gegner Deutschlands verunglimpft, es ist gar die Rede von Vaterlandsverrat. Doch immerhin spornen die vernichtenden Worte des 47jährigen die heimische Industrie zur Qualitätssteigerung an – der Rüffel von Reuleaux zeigt plötzlich doch noch Wirkung. Seine Forderung »Konkurrenz durch Qualität« fällt nicht zuletzt bei Werner von Siemens auf fruchtbaren Boden. »Wer das Beste liefert, bleibt schließlich oben, und ich ziehe immer die Reklame durch Leistung der durch Worte vor«, meint der Industrielle.

Als zehn Jahre später ein englisches Gesetz in Kraft tritt, das vermeintlich minderwertige Produkte aus Deutschland mit dem Logo »Made in Germany« brandmarken soll, tritt genau der gegenteilige Effekt ein: Die deutsche Industrie hat nach dem Debakel der Weltausstellung von Philadelphia so weit aufgeholt, daß das Logo von englischen Konsumenten als Gütesiegel für qualitätsvolle Verarbeitung wahrgenommen wird.

Bereits auf den nächsten Weltausstellungen in Sydney, Melbourne und Paris kann Franz Reuleaux als Leiter der deutschen Abteilung freundlichere Briefe in die Heimat schreiben.

Kleiner Müll-Grenzverkehr

Als Bundeskanzler Willy Brandt 1972 den »Grundlagenvertrag« mit der DDR unterzeichnet, atmen West-Berlins oberste Müllwerker auf. Mit der Vereinbarung zwischen den beiden deutschen Staaten scheint zugleich die Lösung eines Problems in greifbare Nähe gerückt, dessen sich die wenigsten West-Berliner bewußt sind: Seit dem Mauerbau erstickt ihre Stadt im Müll.

Die Aufnahmekapazitäten der Deponien in Lübars und am Wannsee sind Ende der 60er Jahre erschöpft, sie riechen ausgesprochen übel, und es entstehen auf ihnen immer wieder schwer zu löschende Brände mit stinkenden Rauchschwaden. Mehrfach drohen die Gewässer und das Grundwasser verunreinigt zu werden. Auch die neuerbaute Verbrennungsanlage in Ruhleben kann nur einen Bruchteil des täglich produzierten Hausmülls entsorgen. Allein mit dem im Jahr 1971 angefallenen Abfall könnte das Berliner Olympiastadion viermal bis zum Rand gefüllt werden. Die Situation spitzt sich immer weiter zu. Der im Senat diskutierte Vorschlag, den Müll per Bahn nach Westdeutschland zu transportieren, ist nicht finanzierbar.

Der Grundlagenvertrag kommt deshalb genau zur richtigen Zeit – im Zuge des politischen Tauwetters können der West-Berliner Senat und die DDR nun endlich eine Vereinbarung zum Bau einer Mülldeponie in Groß-Ziethen, rund einen Kilometer südlich der Berliner Stadtgrenze, schließen. Die neue Deponie auf DDR-Gebiet soll von der West-Berliner Stadtreinigung mit eigenem Personal und Gerät betrieben werden. Obwohl die DDR-Regierung bemüht ist, den Vertrag vor der Öffentlichkeit geheimzuhalten, erfährt die Groß-Ziethener Ortsgruppe des DDR-Anglerverbandes von dem Plan. Es kommt zu verhaltenen Protesten: Die Groß-Ziethener Bürger fürchten, ihr Dorf werde künftig mit unangenehmen Gerüchen des imperialistischen

Klassenfeindes verpestet. Ändern können sie an dem Müllplan der beiden deutschen Staaten jedoch nichts mehr.

Am 10. September 1973 fahren die ersten 52 West-Berliner Müllkutscher durch einen extra errichteten Grenzübergang am Kölner Damm in Buckow über eine eingezäunte, rund 700 Meter lange Straße zur neuen DDR-Mülldeponie Groß-Ziethen. Gegen Devisenzahlung wird dort der kapitalistische Müll entsorgt – ein Geschäft, mit dem beide Seiten zufrieden sind. Und damit das so bleibt, wird 1974 der »Vertrag über die langfristige Verbringung von Abfällen« beschlossen.

Im Mai 1949 geht Berthold Wehmeyer seinen letzten Gang. In den frühen Morgenstunden wird der 24jährige Schlosser auf der Guillotine im Gefängnis Moabit hingerichtet. Sein Henker hat dabei mit unvorhergesehenen Schwierigkeiten zu kämpfen: Das Fallbeil ist über die Jahre ein wenig stumpf geworden und muß für die Hinrichtung neu geschärft werden. Knapp ein Jahr zuvor hatte Wehmeyer gemeinsam mit einem Komplizen eine 63jährige Frau überfallen und getötet und wurde dafür zum Tod auf der Guillotine verurteilt.

Bertold Wehmeyer ist der letzte Westdeutsche, der den staatlich verordneten Tod unter dem Fallbeil stirbt. Drei Tage vor seiner Hinrichtung wird in Bonn zwar die Abschaffung der Todesstrafe beschlossen, doch für Wehmeyer kommt die Entscheidung zu spät, da das Grundgesetz der Bundesrepublik erst zwei Wochen später in Kraft tritt. Das Leben des Schlossers hätte es vermutlich ohnehin nicht retten können, da es für das Gebiet West-Berlins nur bedingte Gültigkeit hat und die Todesstrafe vom Senat offiziell erst im Januar 1951 abgeschafft wird.

Dennoch können in West-Berlin Todesurteile noch lange Zeit verkündet und vollstreckt werden, denn nach dem Kontrollratsgesetz sind die westlichen Alliierten nach wie vor berechtigt, sie wegen illegalen Waffenbesitzes oder Sabotage an ihren Einrichtungen zu verhängen. West-Berlin ist somit der einzige Flecken Erde in Westeuropa, auf dem die Todesstrafe offiziell noch existiert. Für den Fall der Fälle wird die letzte Guillotine, säuberlich in Kisten verpackt, in einem Kellerraum der Haftanstalt Moabit verwahrt – erst als am 14. März 1989 die Alliierten diese Vorschriften aufheben, hat auch die Guillotine in Europa endgültig ausgedient.

Das freie Schwarzenberg

Im Erzgebirge ist aus der Ferne Artilleriefeuer zu hören. Die Region um den Ort Schwarzenberg liegt zwar nicht direkt unter Beschuß, doch den Bewohnern ist klar: Das ist das Ende des Zweiten Weltkrieges, die Alliierten stehen vor den Toren der Stadt. Im Frühjahr 1945 nähern sich vom Westen die amerikanischen Truppen, im Osten marschiert die Rote Armee heran. In Schwarzenberg hat niemand ernstlich vor, sich zu wehren, die Alliierten können jederzeit einmarschieren. Doch die Sieger lassen sich nicht blicken. Selbst nach der bedingungslosen Kapitulation vom 9. Mai bleibt ein Gebiet von 2000 Quadratkilometern mit 500000 Einwohnern unbesetzt.

Am Abend des 10. Mai beschließen sechs Schwarzenberger, der unklaren Situation ein Ende zu machen. Sie bilden einen sogenannten »Aktionsausschuß« aus Sozialdemokraten, Kommunisten und Parteilosen, der zuallererst den nationalsozialistischen Bürgermeister absetzt. Danach werden Versammlungen einberufen, um Ordnung und Wirtschaft in der Region wenigstens notdürftig aufrechtzuerhalten. Die Schwarzenberger Selbstverwaltung organisiert Nahrungsmittel und stellt die Energieversorgung wieder her. Die benachbarten unbesetzten Städte bilden ebenfalls Aktionsausschüsse. Für den Handel untereinander und mit den amerikanisch und sowjetisch besetzten Regionen wird eine eigene Währung gedruckt, die von den Siegermächten offiziell anerkannt wird. Sogar eigene Briefmarken für den Postverkehr der Region gibt es. Erst nach fünf Wochen Machtvakuum marschiert die Rote Armee schließlich doch noch ein und errichtet in Schwarzenberg eine Militärkommandantur – die Schwarzenberger Selbstverwaltung findet ein jähes Ende.

Warum sich fünf Wochen lang kein Alliierter in der Region blicken ließ, bleibt ungeklärt. Manche behaupten, Großadmiral

Dönitz habe mit den Amerikanern freies Geleit für die 1,3 Millionen Soldaten der Heeresgruppe Mitte ausgehandelt. Andere glauben an schlichte geographische Irrtümer und unklare Absprachen zwischen den Alliierten.

Ob pure Problemlösung oder basisdemokratischer Geniestreich – bis heute streiten sich Heimatvereine, Historiker und Journalisten über die Hintergründe des »freien« Schwarzenberg.

Lipsi gegen Elvis

Als Elvis Presley im Oktober 1958 seinen Wehrdienst im hessischen Friedberg antritt, sind nicht nur die Rock'n'Roll-Fans des Westens entzückt. Der King genießt auch im Osten Deutschlands die Sympathien einer stetig wachsenden Fangemeinde. Insbesondere SED-Chef Walter Ulbricht ist diese Entwicklung ein Dorn im Auge, er befürchtet die ideologische Verführung seiner sozialistischen Jugend. Beistand erhält der ergraute Funktionär vom FDJ-Zentralorgan *Junge Welt*, das bereits 1957 über Elvis urteilte: »Er sprang herum wie ein hochgradig Irrer, schüttelte seinen Unterleib, als habe man ihm unverdünnte Salzsäure zu trinken gegeben, und röhrte dabei wie ein angeschossener Hirsch.«

Drei Monate nach Presleys Dienstantritt in Hessen soll das imperialistische Rock-Problem im brandenburgischen Lauchhammer aus der Welt geschaffen werden. Auf der »1. Tanzmusikkonferenz« im Januar 1959 stellen der Leipziger Komponist René Dubianski und das Tanzlehrerehepaar Helmut und Christa Seifert eine sozialistische Alternative zur dekadenten Musik des Klassenfeindes vor, die durch den Soldatensender AFN in den Osten schwappt. Ihr eigens kreierter Modetanz im $^6/_4$-Takt kommt bei den anwesenden Parteibonzen bestens an.

Man erhofft sich vom »Lipsi«, wie der Tanz nach dem römischen Namen für Leipzig genannt wird, eine sozialistische Kulturrevolution. Die Texte des DDR-Schlagersternchens Helga Bauer liefern den textlichen Überbau zur Musik. Fröhlich sing sie Zeilen wie: »Heute tanzen alle jungen Leute – nur im Lipsi-Schritt!« Mancher Parteifunktionär träumt nach dem unvergleichlichen Ohrenschmaus gar davon, daß der Lipsi den amerikanischen Kontinent erreichen und die Überlegenheit sozialistischer Kultur durch einen Sieg über den verhaßten Rock'n' Roll demonstrieren würde. Helga Bauer hält diese Träume mit ihren Lipsi-Hits am Leben und trällert von einem »Mister Brown«, der den sozialistischen Hüftschwung nach Amerika bringt. Doch ein realer »Mister Brown« ist nicht Sicht. Und so bleibt die Lipsi-Revolution im kapitalistischen Ausland ein Traum verknöcherter SED-Bonzen: Der behördlich verordnete Modetanz erreicht nicht einmal die eigene Jugend – die hört lieber weiter dem hüftschwingenden Star aus Amerika zu, und schon nach einem knappen Jahr ist der Lipsi-Spuk wieder vorbei.

Der Lipsi für Anfänger
(Schritte der Damen jeweils seitenverkehrt):

1. Schritt mit dem linken Fuß nach links
2. Tap mit dem rechten Fuß nach links
3. Schritt mit dem rechten Fuß nach rechts
4. Tap mit dem linken Fuß nach rechts
5. Schritt mit dem linken Fuß nach links
6. Schritt mit dem rechten Fuß nach links
7. Füße schließen

Anfang des Jahres 1941 trifft ein Mann mit einem italienischen Diplomatenpaß, der auf den Namen Orlando Mazzota ausgestellt ist, in Deutschland ein. Schon bald stellt sich heraus, daß der Mann kein italienischer Diplomat ist. In Wahrheit verbirgt sich hinter dieser Fassade der indische Freiheitskämpfer Subhas Chandra Bose, dem über Kabul und Moskau die Flucht aus britischem Gewahrsam gelungen ist. Der einstige Weggefährte Mahatma Gandhis und ehemalige Bürgermeister von Kalkutta erhofft sich nun von den Deutschen Hilfe im Kampf gegen die britische Kolonialherrschaft. Doch bereits bei einem ersten Treffen mit Hitler zeigt sich, daß der deutsche Diktator wenig Sympathie für den dunkelhäutigen Inder hegt.

Trotzdem beginnt der indische Patriot noch im gleichen Jahr, mit deutscher Unterstützung den Widerstand gegen Großbritannien von Berlin aus zu organisieren. Er beginnt mit dem Aufbau des »Freien Senders Indien« und gründet eine Exilregierung. Kernstück seines Freiheitskampfes soll eine indische Legion innerhalb der deutschen Wehrmacht werden.

Freiwillige dafür findet Bose, der von seinen Anhängern nur »Netaji«, unerschrockener Führer, genannt wird, vor allem unter den britischen Kriegsgefangenen indischer Abstammung. In Königsbrück bei Dresden werden die rekrutierten indischen Legionäre anschließend unter strenger Geheimhaltung von deutschen Offizieren gedrillt, so daß schon am 26. August 1942 rund 3000 Hindus, Tamilen und Sikhs den Eid auf Hitler und den indischen Freiheitskämpfer Bose schwören. Entgegen allen Zusicherungen, nur im Kampf gegen die Kolonialmacht in ihrer Heimat eingesetzt zu werden, wird die exotische Truppeneinheit 1944 nach Frankreich verlegt und in die Waffen-SS eingegliedert – mit Turban und dem bengalischen Tiger im Wappen nimmt die skurrile Legion in den letzten Kriegswochen an militärischen Auseinandersetzungen in Südfrankreich teil.

Doch während deutsche Wehrmachtssoldaten, die in diesen Tagen zu den Franzosen überlaufen, in Kriegsgefangenenlagern interniert werden, richtet man 29 Angehörige der indischen Legion, die ihnen folgen, umgehend hin. Eine von den Briten geforderte Aufklärung des Massakers bleibt die französische Regierung nach Kriegsende schuldig. Die Überlebenden der deutsch-indischen Truppe werden 1946 aus britischer Kriegsgefangenschaft entlassen. Ihr Gründer Subhas Chandra Bose erlebt die friedliche Unabhängigkeit seines Landes im folgenden Jahr nicht mehr. Er stirbt bereits am 18. August 1945 bei einem Flugzeugabsturz über der Insel Formosa.

Little Germany

An einem strahlenden Sommertag 1904 chartert die evangelische Gemeinde des New Yorker Stadtviertels »Little Germany« einen Ausflugsdampfer. Die Kinder der Gemeinde und ihre Eltern wollen das Ende des Schuljahres mit einem Picknick auf Long Island feiern.

Schon kurz nach dem Ablegen bricht ein Feuer im Laderaum aus. Kapitän Van Schaick wagt nicht, die nahe gelegenen Piers am Ufer des East River anzusteuern, denn dort stehen riesige Öltanks, die sich entzünden könnten. Das Risiko ist dem Kapitän zu hoch. Die Passagiere versuchen, sich vor dem Feuer zu retten, doch die Voraussetzungen sind denkbar ungünstig: Viele von ihnen können nicht schwimmen, es gibt nicht genug Rettungsboote, die Löschschläuche sind völlig verrottet, und schließlich verklumpt auch noch der Kork in den Rettungswesten, als er mit Wasser in Kontakt kommt. Die Schwimmhilfen werden schwer wie Wackersteine und ziehen die Unglücklichen in die Tiefe. Insgesamt sterben mehr als 1 000 Menschen.

Die Schiffskatastrophe stürzt einen ganzen Stadtteil in Verzweiflung, denn fast alle Opfer stammen aus Little Germany, Kleindeutschland. Beinahe jeder aus dem Viertel kennt jemanden, der bei dem Unglück umgekommen ist, in vielen Schulklassen bleiben nun Plätze leer.

In der Lower East Side von New York leben Anfang des 20. Jahrhunderts noch Hunderttausende Deutsche. Ähnlich wie Little Italy und Chinatown ist auch Little Germany fest in der Hand einer Einwanderergruppe: Biergärten, Schützenvereine und deutsche Bäcker erleichtern den deutschen Neuankömmlingen hier das Einleben in die neue Heimat Amerika.

Doch nach dem Unglück bricht die Gemeinschaft von Little Germany auseinander. Die Überlebenden streiten sich um die

Entschädigungszahlungen, einige Angehörige begehen in den kommenden Wochen Selbstmord, und immer mehr verlassen Little Germany. Sie wollen nicht länger an dem Ort leben, der sie immerzu an das Unglück erinnert, und so ist die Schiffskatastrophe von 1904 der Anfang vom Ende des deutschen Viertels in New York.

Im Herbst 1918 tobt in Europa der Erste Weltkrieg. In der Nacht zum 14. Oktober gerät der Meldegänger des 16. Bayerischen Reserveinfanterieregiments an der Westfront unter britischen Senfgasbeschuß. Nach dem Angriff, dem einige seiner Kameraden zum Opfer fallen, klagt der Gefreite über den Verlust seines Augenlichts. Doch statt einer Giftgasvergiftung diagnostizieren die Ärzte nur eine leichte Bindehautentzündung. Der Name des Gefreiten: Adolf Hitler.

Der Patient wird in ein Lazarett in Pasewalk bei Stettin überstellt, wo sich der Marinepsychiater Edmund Forster seiner annimmt – und bei ihm eine unheilbare psychopathologische Persönlichkeitsstörung diagnostiziert, die auch für die hysterische Erblindung Hitlers verantwortlich ist. Dennoch gelingt es Professor Forster zunächst, die Sehkraft seines Patienten wiederherzustellen.

Als die Insassen des Lazaretts am 10. November 1918 von der Kapitulation der Deutschen erfahren, erleidet Hitler jedoch einen Rückfall – der Schock läßt ihn erneut erblinden. Psychiater Forster trifft nun eine folgenschwere Entscheidung: Er entschließt sich, seinen Patienten mit Hypnose zu behandeln, einer zu dieser Zeit bei sogenannten »Kriegsneurotikern« durchaus üblichen Therapie. Dabei suggeriert Forster Adolf Hitler, er wäre ein Mensch mit omnipotenten Fähigkeiten und könnte sich selbst heilen. So kuriert der Psychiater zwar die hysterische Erblindung – nicht aber die verhängnisvolle Persönlichkeitsstörung. Hitler fühlt sich nun auserkoren, Deutschland zu retten. Die Hypnose ist dabei zwar nicht verantwortlich für seinen krankhaften Charakter und sein menschenverachtendes Tun. Doch erst mit der Heilung Hitlers wird sein Einstieg in die Politik möglich.

Später als Reichskanzler setzt er alles daran, die Wahrheit über seine psychische Erkrankung und die hypnotische Behandlung zu verschleiern – und nährt statt dessen den Glauben an die Legende von einer schweren Giftgasverletzung mit anschließender Wunderheilung.

Moby Dick im Rhein

Die Meldung, die im Mai 1966 bei der Duisburger Polizei eingeht, klingt zunächst wie ein schlechter Scherz: Zwei Binnenschiffer wollen mitten im Rhein ein »weißes Ungeheuer« gesichtet haben. Dann jedoch stellt sich heraus, daß tatsächlich ein großes weißes Tier im Rhein schwimmt – ein Belugawal, 300 Kilometer entfernt vom Meer, der sich offenbar verirrt hat.

Kurz nach seiner Sichtung beginnt an den Ufern des Rheins die Jagd auf das »Moby Dick« getaufte Tier. Vor allem der Direktor des Duisburger Tierparks, Wolfgang Gewalt, unternimmt alles, um den Wal als Attraktion für seinen Zoo einzufangen: Er läßt mehrere Tennisnetze zu einem Fangnetz verknüpfen und zwischen zwei Polizeiboote spannen. Der Zoodirektor will den Wal in einen Hafen drängen lassen, jagt ihn mit allen möglichen Geräten, Schlingen, Harpunen und Narkosespritzen. Doch Moby Dick läßt sich einfach nicht fangen. Unter den Netzen taucht er hindurch, die Narkose kann ihm nichts anhaben, und die Harpunen prallen von seinem Rücken ab. Weder die Horden von Schaulustigen noch die ihn verfolgenden Polizeischiffe irritieren ihn. Immer wieder taucht der Gejagte in die trüben Fluten des Rheins ab und entkommt seinen Häschern.

Wochenlang schwimmt Moby Dick den Niederrhein hinauf und hinab, inzwischen ist er ein Medienstar. In Bonn unterbricht Moby Dicks Erscheinen eine Bundespressekonferenz, in Köln warten Hunderte auf ein kurzes Auftauchen des Wales. Bald hat auch Zoodirektor Wolfgang Gewalt genug von der Jagd und läßt von Moby Dick ab. Der treibt weiter sein Spiel, bis der Kölner Raum im Juni von einer Hitzewelle heimgesucht wird. Dem Wal ist es nun zu heiß, und er schwimmt ungehindert zurück ins Meer.

Der Elefant in der Schwebebahn

So einen dicken Fahrgast hat man in der Wuppertaler Schwebebahn noch nie gesehen. Zirkusdirektor Franz Althoff schiebt im Sommer 1950 eine 700 Kilo schwere Elefantendame namens Tuffi in einen der Waggons. Die läßt ruhig alles über sich ergehen – ein Zirkuselefant ist manches gewohnt. Und es ist auch nicht das erste Mal, daß Direktor Althoff sie für Werbezwecke einspannt, um die Manege zu füllen. Die Fahrt über die Wupper gefällt Tuffi anfangs sogar, doch dann erschrecken sie die quietschenden Fahrgeräusche. Der Elefant gerät in Panik: Tuffi rast durch den Wagen und verletzt dabei einige Journalisten. Schließlich drückt sie mit ihrem mächtigen Gewicht eine der Türen auf und springt aus dem Waggon in die Wupper.

Trotz der Fahrtgeschwindigkeit von etwa 30 Stundenkilometern und einer Sprunghöhe von zwölf Metern kommt die kleine Elefantenkuh glimpflich davon. Als Tuffi wieder ans Ufer klettert, hat sie nur ein paar Schrammen am Hinterteil. Auch den Schreck scheint sie schnell zu verdauen, munter tritt sie mit Polizei und Tierpflegern den Rückweg an der Wupper entlang an, diesmal jedoch auf sicherem Grund und Boden.

Obwohl Tuffis Fahrt in der Schwebebahn von zahlreichen Journalisten begleitet wird, gelingt es in dem Tumult keinem, ein Foto von ihrem Sprung zu machen. Da der spektakuläre Stunt in den kommenden Wochen jedoch immer größeres Interesse erregt, drucken die Medien einfach eine Fotomontage mit der fallenden Elefantenkuh ab.

Für die Stadt Wuppertal ist Tuffi fortan ein Markenzeichen. Jedes Jahr gehen unzählige Souvenirs mit ihrem Bild darauf über die Ladentheken. Die Wuppertaler Milchwerke sichern sich gleich nach dem Sprung den Beinamen Tuffi – und verkaufen damit noch jahrelang erfolgreich ihre Molkereiprodukte. Für Zirkusdirektor

Althoff hat die Geschichte ein juristisches Nachspiel: Wegen fahr-lässiger Transportgefährdung muß er 150 Mark Strafe zahlen.

Tuffi dagegen verkraftet den Trubel gut. Noch über 30 Jahre ist sie in verschiedenen Zirkussen zu sehen. Erst 1989 stirbt Deutsch-lands berühmtester Elefant im stolzen Alter von 44 Jahren.

VIII. Wundersame Eingebungen

Die Einführung des Rechtsverkehrs in Birma

Seit General Ne Win im März 1962 durch einen Putsch an die Macht gelangt ist, geht es mit Birma bergab. Die harte Hand, mit der er regiert, und sein »Birmanischer Weg zum Sozialismus« machen aus der einstigen »Reisschüssel Südostasiens« binnen kurzer Zeit eines der ärmsten Länder der Erde, politisch isoliert und wirtschaftlich rückständig. Seine bizarren Regierungsentscheidungen fällt der selbsternannte »Strong Man« aufgrund wahnhafter Inspirationen oder astrologischer Prophezeiungen. Nachdem er sich mit numerologischer Wahrsagerei befaßt hat, läßt Ne Win alle bisher gültigen Geldscheine einziehen und entwerten und statt dessen Banknoten, deren Wert durch neun teilbar ist, in Umlauf bringen – denn neun ist die Glückszahl des exzentrischen Diktators. Für Ne Win ist die Welt nach der Einführung von 45- und 90-Kyat-Banknoten wieder in Ordnung. Für die meisten Birmesen bedeutet die Abschaffung des Dezimalsystems hingegen den wirtschaftlichen Ruin: Sie verlieren bei der Währungsumstellung ihr Erspartes.

Im Jahr 1970 müssen sich 45 Millionen Birmesen auf eine neue Eingebung ihres Staatsoberhauptes einstellen. Im Traum hat der Strong Man einen Verkehrsunfall auf der linken Fahrbahnseite erlitten, bei dem er ums Leben gekommen ist. Damit sein Alptraum niemals Wirklichkeit werden kann, ändert Ne Win kurzerhand die Verkehrsordnung. Statt des bisherigen Linksverkehrs, der von der einstigen Kolonialmacht Großbritannien eingeführt wurde, läßt Ne Win nun auf Rechtsverkehr umstellen. Die Änderung erfordert allerdings eine Verdoppelung des Personals im Linienverkehr: Die rechtsgelenkten Busse des später in Myanmar umgetauften Landes brauchen seither einen zweiten Fahrer, der die linke Fahrbahnseite einsehen kann. Einen Austausch der Busse durch linksgelenkte Fahrzeuge kann sich das arme Land nicht leisten.

Als Ne Win am 5. Dezember 2002 in seinem Haus in der Hauptstadt Rangun stirbt, nimmt die Welt kaum Notiz davon. Der 91jährige erhält kein Staatsbegräbnis, und kein Vertreter der herrschenden Militärjunta Myanmars läßt sich auf der kleinen Trauerfeier blicken.

Zehn Länder, in denen früher links gefahren wurde:

1. Italien, (in einigen Teilen) bis in die 20er Jahre
2. Angola, bis 1928
3. Portugal, bis 1928
4. Ungarn bis 1938
5. Österreich, (in einigen Teilen) bis 1938
6. Schweden, bis 1967
7. Island, bis 1968
8. Nigeria, bis 1972
9. Sudan, bis 1973
10. Afghanistan, bis 1979

Charles Hambro ist ein Mann, der normalerweise mit beiden Beinen im Leben steht. Doch im April 1941 wälzt der Vizepräsident
der britischen »Einheit für Spezialoperationen« in seinem Londoner Amtssitz an der Baker Street 64 dicke Astrologielexika.
»Ich werde immer wieder gebeten, seltsame Dinge zu tun«,
schreibt Hambro in sein Tagebuch. »Und das ist wahrscheinlich
eines der kuriosesten – aber nichtsdestotrotz eines der wichtigsten, mit denen ich jemals beauftragt wurde.« Seit längerem ist
dem britischen Geheimdienst bekannt, daß Kriegsgegner Hitler
ein Faible für Astrologie und Horoskope hat. Diese Vorliebe will
man sich nun für die strategische Kriegsführung zunutze machen, haben Agenten doch bereits herausgefunden, daß sich Hitler mit dem Schweizer Astrologen Krafft umgibt und Angst davor hat, vor Beendigung seines Lebenswerkes zu sterben.

Karl Krafft hatte Hitler Anfang November 1939 vor einer
»großen Gefahr« gewarnt, woraufhin er zunächst als Mittäter
verhaftet wurde, nachdem am 8. November 1939 das Attentat
Georg Elsners im Münchner Bürgerbräukeller gescheitert war.
Später holte ihn Propagandaminister Joseph Goebbels als »Hof-
astrologen« nach Berlin. In der Reichshauptstadt erstellt Krafft
mittlerweile Horoskope für bekannte Nazi-Größen und gibt
astrologischen Rat.

Die Astrologiegläubigkeit der Nazi-Elite ist für Charles
Hambro ein willkommener Ansatzpunkt für seine ganz spezielle
Form der psychologischen Kriegsführung. Sein Plan ist es, ge-
fälschte Horoskope in Umlauf zu bringen, die Hitler eine dü-
stere Zukunft prophezeien und damit für die gewünschten *bad
vibrations* in Berlin zu sorgen. Durch Vermittlung des Gouver-
neurs von Hongkong, Sir Geoffrey Northcote, wird in einem
chinesischen Tempel in Macao eine fingierte Séance veranstaltet,

die Hitlers Tod für das Jahr 1942 voraussagt. Diese Meldung wird anschließend von der Nachrichtenagentur Reuters in alle Welt verbreitet. Doch der erhoffte Effekt bleibt aus – schuld daran ist der mysteriöse Englandflug von Rudolf Heß im Mai 1941, der in Berlin dem Einfluß von Astrologen zugeschrieben wird. Damit hat sich die Sterndeuterei für Hitler endgültig erledigt: Im Juni 1941 verbietet das NS-Regime die öffentliche Anwendung aller okkulten Praktiken.

Der einstige Hofastrologe Karl Krafft wird ins KZ Oranienburg deportiert. Er stirbt am 8. Januar 1945 während des Transportes nach Buchenwald.

Die Pfeife des Hackers

Der Ingenieur John Draper freut sich jedesmal wie ein Kind, wenn er den letzten Rest Cornflakes aus der Packung schüttet. Auf dem Boden jedes Kartons der Marke »Capt'n Crunch« findet sich eine kleine Überraschung. An einem Morgen des Jahres 1972 ist es eine Spielzeugpfeife, die Draper natürlich sofort ausprobiert. Der hohe Ton erinnert ihn an ein Geräusch, das er aus seinem Telefon kennt. Die Pfeife klingt mit ihrer Frequenz von 2600 Hertz (was auf der Tonleiter einem fünfgestrichenen E entspricht) genau wie jenes Signal, das die Vermittlungsstelle der Telefongesellschaft Bell aussendet, wenn ein Kunde den Hörer auflegt – und das den Gebührenzähler zum Stoppen bringt.

Draper wird schlagartig bewußt, was diese Entdeckung für ihn bedeutet: Betätigt er die billige kleine Plastikpfeife zu Beginn eines Telefonats, spart er sich die Gebühren. Draper nennt seine Technik »Phreaking«, sich selbst »Captain Crunch« und wird zum Anführer einer Generation von Kommunikationsrebellen. Dabei ist Draper noch nicht einmal der erste Phreaker: Schon in den 50er Jahren gelang es dem blinden Jungen Jo Engressia dank seines absoluten Gehörs exakt 2600 Hertz nachzupfeifen.

Doch Draper bringt seine Idee unters Volk, so daß sich eine wahre Phreaker-Kultur entwickelt, die den Telefongesellschaften Millionenverluste beschert. Der Ingenieur perfektioniert seine Technik immer weiter. Bald kann er nicht nur die Gebühren umgehen, sondern sich auch in fremde Telefonate einklinken und lauschen. Schließlich hackt er sich in das Telefonnetz des Weißen Hauses ein und ruft Präsident Nixon persönlich an, um ihn von einem nationalem Notfall zu unterrichten: Das Klopapier im Weißen Haus sei alle. Für die Telefongesellschaften ist das alles kein Spaß mehr. Die Phreaker werden als nationale Bedrohung eingestuft, woraufhin das FBI den Fall übernimmt.

1971 wird John Draper verhaftet und zu fünf Jahren Gefängnis verurteilt, von denen er jedoch nur vier Monate verbüßt. Heute entwickelt er Sicherheitssysteme *gegen* Hacker.

Seine Spielzeugpfeife hat er später für 300 Dollar bei Ebay verkauft.

Atlantropa

Hermann Sörgel will die Welt verändern. Damit ist der deutsche Architekt 1927 nicht allein, er lebt in einer Zeit euphorischer Technik- und Zukunftsgläubigkeit – alles scheint machbar, den technischen Möglichkeiten sind keine Grenzen gesetzt. So traut sich der Architekt ein Projekt mit geradezu epochalen Ausmaßen zu: Er plant, vor Gibraltar einen gewaltigen Staudamm samt Kraftwerk zu errichten, um ganz Europa mit Energie zu versorgen. Dieser Staudamm hätte allerdings einen nicht unerheblichen Nebeneffekt: Er würde den Meeresspiegel senken und das Mittelmeer teilweise austrocknen. Genau das gehört jedoch zu Sörgels Idee – ganze 600 000 Quadratkilometer Neuland würde das Mittelmeer auf diese Weise freigeben. Die Küsten Europas und Afrikas rückten zusammen, Menschen und Völker fänden zueinander. Ein neuer Kontinent würde entstehen, und Sörgel weiß auch schon, wie der heißen soll: Atlantropa.

Auch Politiker und Geldgeber begeistern sich für Sörgels Projekt, denn es verspricht urbares Land, Lebensraum und Arbeitsplätze. Vor allem von den Nazis erhofft sich der Architekt Unterstützung, korrespondiert seine Idee der kontinentalen Zusammenführung doch auf gewisse Weise mit Hitlers Großmachtphantasien. Nachdem die Nazis 1933 an die Regierung gekommen sind, erlebt Sörgel allerdings einen Rückschlag: Hitler folgt zwar der Devise »Volk ohne Raum«, diesen Raum sucht er allerdings im Osten und nicht im Mittelmeer. Sörgel stößt bei den Nationalsozialisten nur noch auf taube Ohren, er erhält sogar Publikationsverbot. Mit Beginn des Kalten Krieges interessieren sich dann zunächst die Amerikaner für sein Projekt der Energiegewinnung durch riesige Kraftwerke. Mit US-Hilfe hofft Sörgel Ende der 40er Jahre Atlantropa endlich realisieren zu können, schließlich investieren die Amerikaner aber doch lieber in Nukleartechnologie.

Sörgel stirbt 1952 – verbittert. Sein Traum von Atlantropa ist unerfüllt geblieben. Heute weiß man, daß eine Trockenlegung des Mittelmeeres katastrophale Folgen gehabt hätte: Dürrekatastrophen im Süden, Überschwemmungen im Norden. Sörgels Traum vom neuen Kontinent wäre ein Alptraum geworden.

Der Schachtürke

Mit seinen Erfindungen ist Wolfgang von Kempelen am österreichischen Hof ein gern gesehener Gast. Seine mechanischen Geräte – wie beispielsweise die Sprechmaschine oder die Dampfmaschine – kommen bei Königin Maria Theresia jedoch nicht immer gut an. 1769 präsentiert er ihr daher eine Erfindung, die alles bisher Dagewesene in den Schatten stellen soll: den »Schachtürken«. Und tatsächlich sorgt von Kempelens Meisterstück für Aufregung, denn die metallene Puppe bewegt sich nicht nur automatisch – sie kann auch fast jeden menschlichen Gegner matt setzen.

Der Schachtürke zieht dabei schon allein durch sein Äußeres alle Augen auf sich: Er ist lebensgroß und in türkische Gewänder gehüllt. Seine Beine sind durch eine große Kommode verdeckt, auf deren Deckel das Schachbrett befestigt ist. Mit Turban, Schnurrbart und grimmigem Gesichtsausdruck wirkt der Schachtürke schon beim Hinsehen einschüchternd. Wenn er dann noch mit mechanischem Knarren seine Arme bewegt, um die Figuren auf dem Schachbrett an genau die richtige Stelle zu setzen, ist der Zauber perfekt.

Alle Welt ist neugierig auf den außergewöhnlichen Automaten und seine besonderen Kräfte. Kempelen nutzt die Gunst der Stunde und geht mit seiner Erfindung auf Europatournee. Der Schachtürke gewinnt in den kommenden Jahrzehnten gegen prominente Persönlichkeiten wie Friedrich den Großen und Napoleon. Der nahezu unschlagbare Automat fasziniert und verängstigt dabei gleichermaßen. Obwohl Kempelen bereitwillig das Innenleben des Türken präsentiert, bleibt unklar, wie er funktioniert.

Sein Geheimnis, das erst 80 Jahre später endgültig gelüftet wird, ist ein simpler Trick: Im Inneren des Kastens sitzt ein menschlicher Schachspieler. Immer wenn Kempelen vor Beginn der Vorführung die Türen der großen Kommode öffnet, rutscht der Schauspieler im Kasten auf einem beweglichen Hocker hin und her und bleibt durch die raffinierte Anordnung der verschiedenen Türen für die Zuschauer unsichtbar. Beginnt das Spiel, werden alle Türen wieder verschlossen, und der Spieler kann die Züge anhand der in die Figuren eingelassenen Magneten auf der Unterseite des Schachbretts verfolgen.

Der Schachtürke tingelt selbst nach der Entdeckung des Betrugs noch eine Weile über Jahrmärkte, bis er 1840 dem Chinesischen Museum in Philadelphia geschenkt wird. Dort wird er 14 Jahre später Opfer eines Brandes. Eine Rekonstruktion des Schachautomaten ist heute in einem Museum in Paderborn zu sehen.

Der Rederekord des Senators

Senator Strom Thurmond hat sich gut auf seine Rede vorbereitet. Er ist in der Sauna gewesen, um viel Wasser trinken zu können, ohne auf die Toilette gehen zu müssen. Die Halstabletten und das Lunchpaket seiner Frau liegen bereit. Es kann losgehen. Im August 1957 will Thurmond die alte amerikanische Tradition des sogenannten »Filibuster« fortsetzen: Er will so lange im Senat reden, bis er eine Mehrheit für sein Anliegen gewonnen hat.

Im US-amerikanischen Senat gibt es keine Beschränkung der Redezeit, was sich der äußerst konservative Politiker Thurmond zunutze machen will: Nachdem er seine Argumente gegen das neue Bürgerrechtsgesetz vorgetragen hat, spricht er über völlig andere Dinge. Dann liest er die »Bill of Rights«, die Unabhängigkeitserklärung, und die Wahlgesetze sämtlicher Bundesstaaten vor, denn nach der Senatsregel, die den Filibuster erlaubt, müssen die Themen der Redebeiträge überhaupt nichts mit den Diskussionen zu tun haben, die eigentlich auf der Tagesordnung stehen. Die Länge der Rede dient einzig dazu, Zeit zu gewinnen.

Während Thurmond redet und redet, verhandeln seine Kollegen hinter den Kulissen einen Kompromiß – bis sie schließlich sein Ziel erreicht haben: Der Senat wird gegen das Gesetz stimmen. Seine Mitarbeiter machen sich derweil ernsthafte Sorgen um Thurmonds Gesundheit. Nach 24 Stunden und 18 Minuten überreden sie den Senator, das Rednerpult zu verlassen. Strom Thurmond hält bis heute den Filibuster-Rederekord im US-Senat.

1964 wird in San Diego ein Wissenschaftswettbewerb ausgeschrieben, den ein 17jähriger Schüler namens Randy Gardner unbedingt gewinnen will. Vor kurzem hat ihm jemand von einem Discjockey erzählt, der 260 Stunden nicht geschlafen habe. »Das kann ich auch«, meint Randy und setzt sich in den Kopf, einen Weltrekord im Wachbleiben aufzustellen. Seine Eltern sind zunächst dagegen. Der Schlafforscher William Dement von der Stanford University erfährt aus Zufall von Randys Plänen und verspricht den Eltern, als Beobachter nach San Diego zu reisen. Auch John J. Ross von der Neuropsychiatrischen Forschungsabteilung der US Navy sagt zu, Randys Gesundheit zu überwachen.

Das Experiment kann beginnen: Die ersten Tage fallen Randy leicht. Er wird von zwei Freunden begleitet, die nicht von seiner Seite weichen. Sie machen Besichtigungstouren, unternehmen lange Spaziergänge am Strand und spielen viel Basketball. Nach vier Tagen ohne Schlaf wird Randy gereizt und mißtrauisch. Er hat Wachträume, zeigt Gedächtnisstörungen und die ersten Anzeichen von Halluzinationen. Wenn Randy anfängt einzuschlummern, zerrt ihn Schlafforscher Dement nach draußen zum Basketballspielen oder fährt ihn im geöffneten Cabrio mit laut aufgedrehter Musik durch die verlassenen Straßen San Diegos. Einmal spielen beide um drei Uhr morgens in einer Automatenhalle mehrere Runden Flipper gegeneinander. Dement ist über die körperliche Verfassung des Jungen erstaunt: Randy ist zwar leicht reizbar, spricht undeutlich und hat Schwierigkeiten, sich zu erinnern – aber er gewinnt jedes Spiel.

In den letzten Tagen des Experiments belagern Reporter und Kamerateams das Haus von Randys Familie. Nach elf Tagen ohne Schlaf gibt der Junge stolz eine Pressekonferenz: Er drückt sich verhältnismäßig verständlich aus und ist im großen und ganzen ansprechbar. Anschließend fahren die Forscher Randy zum Schlaflabor und verkabeln ihn, um seine Gehirnströme zu messen. Er legt sich hin und schläft innerhalb von drei Sekunden ein. Nach 15 Stunden wacht Randy praktisch vollständig erholt auf. In den darauffolgenden zwei Nächten schläft er zunächst zehn, dann neun Stunden. Danach ist ihm von dem Experiment nichts mehr anzumerken.

Bis heute sind 263 Stunden die längste Zeit, die je ein Mensch, ohne zu schlafen, verbracht hat.

>»Alles, was die Arbeit hemmt, ist Verschwendung … Immer wieder hören wir Menschen davon sprechen, wie viel Schlaf sie ›verloren‹ haben, als wäre das ein großes Unglück. Sie sollten lieber von verlorener Zeit reden, verlorener Arbeitskraft, verlorenen Möglichkeiten.« *Nach Thomas Edison, einem bekennenden Kurzschläfer*

Im Sommer 1967 hat Roy Bates genug von der britischen BBC. Der Ex-Major will einen eigenen Radiosender, der ihm ein Hörfunkprogramm nach seinen Vorstellungen bietet. Also besetzt er am 2. September 1967 mit seiner Frau Joan eine leerstehende Flakinsel vor der Küste Großbritanniens, um dort einen Piratensender zu betreiben. Der Koloß aus Stahl und Beton wurde im Zweiten Weltkrieg zur Abwehr deutscher Fliegerangriffe errichtet. Bates führt die stählerne Plattform nun einer neuen Bestimmung zu und ruft das unabhängige Fürstentum Sealand aus. Der selbsternannte Monarch Prinz Roy träumt zudem von einer eigenen Nationalhymne, einer Sealand-Verfassung und einer eigenen Währung.

Die britische Regierung ist von alldem wenig angetan und will die neue Mini-Monarchie vor ihrer Küste keinesfalls dulden.

Als alle friedlichen Versuche scheitern, Bates zu verjagen, wird ein Jahr nach der Gründung Sealands die Royal Navy losgeschickt, um dem Ärgernis ein Ende zu machen. Doch die Staatsbeamten in London haben nicht mit der Hartnäckigkeit von Prinz Roy gerechnet. Beim Anrücken des bedrohlichen Flottenverbandes erklärt das Fürstentum Sealand Großbritannien kurzerhand den Krieg: Bates' Sohn Michael feuert auf die Angreifer und beschädigt eines der Schiffe. Die Flotte dreht daraufhin ab, um Schlimmeres zu vermeiden.

Aus Angst vor weiteren Blamagen verzichtet die britische Regierung in den folgenden Jahren auf alle weiteren Rückeroberungsversuche und belästigt die Monarchenfamilie nur mehr mit den üblichen Steuerforderungen, die von Prinz Roy jedoch als unberechtigt zurückgewiesen werden.

Die Szene, die sich im September 1944 vor der barocken Kulisse des Hohenzollern-Schlosses von Sigmaringen abspielt, ist grotesk. Unter der Bewachung bewaffneter SS-Formationen steigt der Chef des französischen Vichy-Regimes, Marschall Philippe Pétain, aus seinem offenen Wagen, um seinen neuen Dienstort in Besitz zu nehmen. Die Alliierten rücken nach der Landung in der Normandie am 6. Juni 1944 rasch in Frankreich vor. Am 25. August nehmen sie Paris ein, und die französischen Kollaborateure müssen sich von der Front zurückziehen. Nach dem Willen Adolf Hitlers ist Marschall Pétain zu diesem Zeitpunkt noch immer das Staatsoberhaupt Frankreichs – und der kleine schwäbische Ort Sigmaringen damit die neue Hauptstadt der Grande Nation.

Kurz nach der Ankunft des greisen Marschalls folgt ein Troß aus Ministern und Militärs. Während die Regierung sich im Schloß einrichtet, kommt die Verwaltung in der Stadt unter. Sogar Botschaften verbündeter Nationen, wie die von Japan und Italien, ein eigener Radiosender und eine eigene Zeitung finden sich nach kurzer Zeit in Sigmaringen ein. Viel zu tun gibt es jedoch nicht. Es ist eine Regierung ohne Land, ein Operettenstaat, der später als das »Vichy an der Donau« verspottet wird. Viel mehr als diniert, diskutiert und intrigiert wird nicht getan. Marschall Pétain und viele seiner Minister weigern sich schließlich, die ihnen von Hitler zugedachte Statistenrolle einzunehmen, und werden rasch durch andere, willigere Kräfte ersetzt.

Acht Monate später, am 20. April 1945, hissen die Faschisten zum letzten Mal die Trikolore, ehe sie vor den alliierten Truppen flüchten. Am 22. April nehmen Soldaten der Armee des befreiten Frankreichs unter Charles de Gaulle die letzte Bastion des Vichy-Regimes kampflos ein und machen sich gleich daran, die flüchtigen Kollaborateure zu verfolgen: Die meisten von ihnen werden bald gefaßt und zum Tode verurteilt, unter ihnen auch Marschall Pétain, der jedoch von de Gaulle begnadigt wird. Arbeitsminister Marcel Déat entgeht ebenfalls der Todesstrafe, indem er bis zu seinem Tod unentdeckt in Italien untertaucht. Alle anderen Verurteilten werden hingerichtet.

Die Bibliothek des Comte de Fortsas

Major Renier-Hubert-Ghislain Chalon hat sich für seine Freunde und Bekannten einen ganz besonderen Streich einfallen lassen: Im Herbst 1839 verschickt er 132 Kataloge, in denen Bücher für eine Versteigerung angepriesen werden. Sie stammen angeblich aus der außergewöhnlichen Bibliothek des kürzlich verstorbenen Jean Népomucène Auguste Pichauld, Comte de Fortsas, der in seinem Schloß insgesamt 52 Bücher hinterläßt. Das Besondere daran: Jedes dieser Bücher gibt es nur ein einziges Mal auf der Welt. Der Auktionskatalog verspricht jedoch nicht nur kostbare bibliophile Unikate, sondern auch neueste wissenschaftliche Entdeckungen und vor allem brisante Geschichten aus den europäischen Fürstenhäusern:

Angeboten werden unter anderem die Memoiren des Prinzen Charles de Ligne, deren Titel »Meine Kämpfe in den Niederlanden samt einem Verzeichnis der Festungen, die ich einnahm« dem Leser Einblick in die schlüpfrigen Liebesabenteuer des berüchtigten Schürzenjägers verspricht. In Belgien sorgt diese Ankündigung für große Aufregung. Während der Abteilungsleiter der Brüsseler Bibliothek alle Hebel in Bewegung setzt, um Gelder für das Werk zusammenzubekommen, kündigt die Prinzessin von Ligne an, das Buch zur Wahrung der Ehre ihres Vorfahren und ihrer Familie um jeden Preis zu ersteigern.

Die Hotelzimmer im belgischen Städtchen Binche sind bereits gebucht, als die Eingeladenen wenige Tage vor der Versteigerung Post bekommen: Die Auktion ist abgesagt, die Bestände der gräflichen Bibliothek sollen der örtlichen Leihbücherei übereignet werden. Nachforschungen der aufgebrachten Sammler ergeben schnell: Es gibt in Binche gar keine Leihbücherei – und, schlimmer noch, auch der Graf Fortsas und seine Sammlung stellen sich als reine Erfindung heraus.

Bücher, Graf und Katalog: Alles entspringt der Phantasie eines Mannes. Der Vorsitzende des Binchener Bücherclubs ist nicht nur Mitglied der belgischen Akademie und ein bekannter Bibliophiler, er ist auch landesweit für seine Scherze berüchtigt. Der mittlerweile im Ruhestand lebende Major Chalon kennt jeden der Eingeladenen persönlich und hat für jeden das passende Buch erfunden. Mit seinem spektakulären Coup läßt er nicht nur die Buchexperten seiner Zeit alt aussehen, er geht auch in die Geschichte der berühmtesten Streiche ein. Und die noch erhaltenen Fortsas-Kataloge gelten heute unter Bücherfreunden als kostbare Rarität.

IX. Unglaubliche Verbrechen

Die gestohlene Mona Lisa

Pablo Picasso glaubt zunächst an einen guten Deal, als er im Frühsommer 1911 einem Bekannten zwei kleine Tonskulpturen abkauft. Aber bereits beim Malen der iberischen Statuetten kommen ihm Zweifel, ob der Handel nicht vielleicht *zu* gut war. Schließlich wurden vor nicht allzu langer Zeit zwei solche Skulpturen bei einem Diebstahl aus dem Pariser Louvre entwendet. Kurzfristig denkt der 30jährige Maler sogar daran, sich der vermeintlichen Hehlerware durch einen beherzten Wurf in die Seine zu entledigen. Doch dann besinnt er sich eines Besseren und liefert die Skulpturen bei einer Zeitung ab – allerdings unter der Bedingung, daß seine Anonymität gewahrt bleibt, schließlich ist Picasso zu diesem Zeitpunkt bereits ein bekannter Maler.

Die Zeitung hält ihr Versprechen, bis im August 1911 ein erneuter Diebstahl im Louvre für weltweites Aufsehen sorgt. Diesmal war Leonardo da Vincis weltberühmte »Mona Lisa« das Objekt der Begierde. Bei ihren Ermittlungen rollt die Polizei den vorherigen Diebstahl wieder auf und stößt auf Picassos Namen. Nun gerät der bekannte Maler in Verdacht, auch etwas mit dem Raub der Mona Lisa aus dem Salon Carré des Louvre zu tun zu haben. Picasso wird vorgeladen und verhört. Er beteuert seine Unschuld, geglaubt wird ihm jedoch nicht. Obwohl ihm keine Verwicklung in den Diebstahl nachgewiesen werden kann, steht er weiter unter Verdacht.

Den Beweis seiner Unschuld liefert erst rund zwei Jahre später Vincenzo Perugia. Der 30jährige Italiener antwortet auf eine Zeitungsanzeige des Florentiner Antiquitätenhändlers Alfredo Geri, der für eine Ausstellung nach alten Meisterwerken sucht. Perugia bietet ihm die Mona Lisa für umgerechnet 100 000 Dollar an. Zwei Jahre zuvor hatte er sie aus ihrem Rahmen geschnitten, die Leinwand zusammengerollt und unter seinem Mantel einfach aus dem Louvre hinausgetragen. Als er im Dezember 1913 in seinem Hotelzimmer in Florenz festgenommen wird, versucht er, den Diebstahl als patriotischen Akt zu rechtfertigen: Als aufrechter Italiener habe er Leonardo da Vincis Meisterwerk nur dahin zurückbringen wollen, wo es hingehöre – nach Italien.

Was Vincenzo Perugia bei seiner schlichten Verteidigung allerdings nicht bedachte: Leonardo da Vinci hatte sein Meisterwerk einst höchstpersönlich nach Paris gebracht, um es für 4000 Goldstücke an den französischen König Franz I. zu verscherbeln.

Die Entführung des Formel-1-Piloten

Als Juan Manuel Fangio Ende Februar 1958 die Lobby des Lincoln Hotels von Havanna durchquert, ist er bereits hochkonzentriert. Der »Große Preis von Havanna« steht kurz bevor. Vielleicht ist dieses Grand-Prix-Rennen eine der letzten Möglichkeiten für den 47jährigen Formel-1-Weltmeister, seine Fahrkünste zu demonstrieren. Der alternde argentinische Volksheld weiß, daß das Jahr 1958 seine letzte Saison im aktiven Automobilrennsport sein wird. Dieser Umstand verhilft ihm zu einer Gelassenheit, die er an diesem Tag gut gebrauchen kann.

Bevor er das Hotel verlassen kann, stellt sich ihm ein Mann namens Manuel Uziel in den Weg. Uziel fordert den Rennfahrer auf, sich auszuweisen. Fangio hält die Sache zunächst für einen seltsamen Scherz, bis er bemerkt, daß Uziel nicht allein ist. Er wird von einigen Männern begleitet, die bis an die Zähne bewaffnet sind. Die Gruppe gibt sich als Abordnung der »M-26-7«, der »Bewegung des 26. Juli« zu erkennen. Chef dieser Untergrundorganisation, die es sich zum Ziel gesetzt hat, Kuba vom Regime des Diktators Fulgencio Batista zu befreien, ist ein Mann namens Fidel Alejandro Castro Ruz. Er hat Manuel Uziel und seinen Gefolgsleuten den Auftrag erteilt, den berühmten argentinischen Rennfahrer zu entführen.

Fangio wird an einen geheimen Ort gebracht. Seine spektakuläre Entführung soll die Welt auf die notleidende kubanische Bevölkerung aufmerksam machen und Castros Revolutionären Publicity verschaffen. In dem konspirativen Versteck darf Fangio das Autorennen sogar vor dem Fernseher verfolgen, seine Entführer reichen ihm höflich Essen und

> »Eines der besten Mittel gegen das Altwerden ist das Dösen am Steuer eines fahrenden Autos.«
> *Juan Manuel Fangio*

Getränke. Fangio muß am Fernseher erleben, wie es während des Rennens zu mehreren dramatischen Unfällen kommt. Der Kubaner Armando Garcia Cifuentes kommt von der Strecke ab und rast mit seinem Ferrari in die Zuschauermassen. Sechs Menschen sterben bei dem Unfall, 30 weitere werden schwer verletzt. Nach Ende des Rennens wird der Weltmeister unbeschadet vor der argentinischen Botschaft wieder in Freiheit entlassen.

Als Juan Manuel Fangio Jahre später nach Kuba zurückkehrt und vom neuen Staatschef Fidel Castro empfangen wird, dankt er dem einstigen Drahtzieher gar für seine damalige Entführung: Fangio ist sich nicht sicher, ob er das dramatische Unfallrennen überlebt hätte, wenn er mitgefahren wäre. Rückblickend ist er froh, es nur am Fernseher verfolgt zu haben .

Am 31. Dezember 1982 sitzt Paul Eßling gegen 13 Uhr hinter dem Steuer seines dunkelgrünen Lada 1300. Nach einem Streit mit einem Bekannten hat der gelernte Ofensetzer einen über den Durst getrunken. In seinem Blut hat er 2,5 Promille Alkohol, auf dem Beifahrersitz liegt eine geladene 7,65-Millimeter Walther, ein Erbstück seines Vaters. Paul Eßling nähert sich aus Richtung des kleinen brandenburgischen Ortes Stolzenhagen mit hoher Geschwindigkeit der Fernstraße 109. An der Kreuzung zwischen Wandlitz und Klosterfelde schert er mit quietschenden Reifen auf die vorfahrtsberechtigte Fernstraße ein.

Eine Kolonne aus zwei Citroëns und einem Volvo kann eine Kollision mit dem Lada des 41jährigen gerade noch verhindern. In dem zweiten Citroën sitzt SED-Chef Erich Honecker. Honecker ist mit seinen Leibwächtern auf dem Weg zum alljährlichen Silvester-Jagdvergnügen in die nahe gelegene Schorfheide. Nach dem gerade noch abgewendeten Zusammenstoß nimmt der Volvo mit zwei Stasi-Offizieren die Verfolgung des davonjagenden Ladas auf, um den vermeintlichen Angreifer zu stoppen.

Peter Eßling sieht im Rückspiegel das Blaulicht des näher kommenden Fahrzeugs. Am Ortseingang von Klosterfelde stellt sich ein LKW vor ihm quer und verhindert seine Weiterfahrt. Eßling hält an und öffnet die Fahrertür.

Der Volvo stoppt ebenfalls. Einer der Stasi-Offiziere steigt aus und nähert sich dem Lada. In Panik eröffnet der Ofensetzer sofort das Feuer, woraufhin Honeckers Begleiter mit einem Lungendurchschuß zusammensackt. Sein Kollege erwidert die Schüsse. Das Glas von Eßlings Fahrerfenster splittert. Der 41jährige Ofensetzer zieht seine Walther erneut. Diesmal hält er sie an seine Schläfe und drückt ab.

Zwei Wochen später berichtet *Stern*-Korrespondent Dieter Bub von einem fehlgeschlagenen Attentat auf Erich Honecker, bei dem der Attentäter regelrecht hingerichtet worden sei. Die Reportage über das vermeintliche Attentat erregt weltweites Aufsehen. In Eßlings Heimatort sucht die Stasi währenddessen fieberhaft nach Hintermännern und Mitwissern. Doch, abgesehen von mehreren scharfen Waffen und 1000 Schuß Munition, die Eßling ausgerechnet als Gegenleistung für Bauarbeiten am Haus eines Stasi-Offiziers erhalten hat, wird man nicht fündig.

Neue Ermittlungen der Staatsanwaltschaft Neuruppin im Jahr 1994 ergeben, daß es sich bei Eßlings Tod zweifelsfrei um Selbstmord handelte. Warum er die geladene Waffe auf seinem Beifahrersitz liegen hatte und was er damit eigentlich anfangen wollte, wird wohl sein Geheimnis bleiben.

Die Tuskegee-Syphilis-Studie

Als Herman Shaw 1932 ins John Andrew Hospital von Tuskegee überwiesen wird, glaubt er, daß man ihm dort gegen seine Beschwerden helfen wird. Rund 400 weiteren afroamerikanischen Baumwollpflückern aus Macon County, Alabama, ergeht es ähnlich wie ihm. Im Krankenhaus erhalten die Patienten ambulant Tabletten ausgehändigt, die sie gutgläubig schlucken. Daß die Medikamente keinerlei Wirkstoffe enthalten, wird den Baumwollpflückern genauso verschwiegen wie der Umstand, daß sie unfreiwillig am größten Menschenversuch der amerikanischen Medizingeschichte teilnehmen.

Unter Leitung von Taliaferro Clark will die staatliche Gesundheitsbehörde in Tuskegee eine Langzeitstudie über die Entwicklung von Syphilis im menschlichen Körper machen. Dabei wird jedoch keinem der 400 Patienten gesagt, daß er an Syphilis erkrankt ist – und keinem von ihnen wird geholfen. Selbst dann nicht, als längst wirksame Präparate gegen die Krankheit auf dem Markt sind. Jahrzehntelang bekommen die Baumwollpflücker nur Placebos ausgehändigt. Rund 100 von ihnen sterben in den nächsten Jahren an den Folgen ihrer Erkrankung, die meisten von ihnen infizieren zuvor unwissend ihre Ehefrauen.

Erst 40 Jahre nach Beginn der Langzeitstudie bringt die »Associated-Press«-Journalistin Jean Heller den Skandal an die Öffentlichkeit. Nach ihrem aufsehenerregenden Artikel in der *New York Times* vom 26. Juli 1972 wird die Studie sofort abgebrochen. Ein Jahr später erkämpft die »National Association for the Advancement of Colored People« Schadensersatzzahlungen in Höhe von rund zehn Millionen Dollar für die Opfer.

Doch es soll noch bis ins Jahr 1997 dauern, ehe sich die amerikanische Regierung zu einer Entschuldigung aufrafft. Herman Shaw ist 95 Jahre alt, als er am 16. Mai 1997 mit fünf weiteren

Überlebenden eine Einladung ins Weiße Haus erhält und von Präsident Bill Clinton in einer reumütigen Rede um Verzeihung gebeten wird.

Für Herman Shaw und seine Leidensgenossen kommt dieses Bekenntnis zwar spät, doch sie nehmen die Entschuldigung des Präsidenten an.

Unter dem Motto »*High sein, frei sein, Terror muß dabei sein!*« zeichnet Ende der 60er Jahre eine Gruppe von Sponti-Rebellen für mehrere Brandanschläge in Berlin verantwortlich. Mit dem ideologisch motivierten Terror der späteren RAF hat die Gruppe um Georg von Rauch, Michael »Bommi« Baumann und Thomas Weissbecker allerdings wenig gemein. Den sogenannten »Haschrebellen« geht es in erster Linie um öffentlichkeitswirksame Sponti-Aktionen, ein neues, bewußtseinserweitertes Lebensgefühl und jede Menge Spaß.

Als sich *Quick*-Reporter Horst Rieck im Januar 1970 in seinem Artikel »Ganz Deutschland muß brennen« kritisch mit der Spaßguerilla auseinandersetzt, gerät er ins Visier der »Haschrebellen«. Eine Abordnung der Kiffer-Freunde stattet dem reaktionären Journalisten einen spontanen Besuch in seiner Berliner Wohnung ab und stellt die Dinge auf ziemlich handfeste Weise klar.

Im Juli 1971 müssen sich »Bommi« Baumann, Georg von Rauch und Thomas Weissbecker dann wegen Körperverletzung an Reporter Horst Rieck und weiterer Delikte vor dem Moabiter Gericht verantworten. Baumann und Weissbecker erhalten zunächst Haftverschonung und verlassen laut triumphierend das Gerichtsgebäude. Nur Georg von Rauch soll in U-Haft kommen. Doch als er abgeführt wird, gibt er protestierend seine wahre Identität preis: In Wirklichkeit ist er Thomas Weissbecker, der sich von Rauchs Brille aufgesetzt hat. Durch die langen Haare und wallenden Bärte aller drei Angeklagten war dem Gericht der simple Rollentausch nicht aufgefallen.

Der echte von Rauch ist mit Baumann längst über alle Berge. Dem Gericht bleibt zunächst nichts anderes übrig, als nun auch Thomas Weissbecker gehen zu lassen. Einen Tag später wird er jedoch wieder verhaftet, diesmal wegen Beihilfe zur Flucht. Es gelingt Weissbecker allerdings, sich der Staatsgewalt zu entziehen und unterzutauchen.

Lange kann er sich seines neuerlichen Coups jedoch nicht erfreuen: Knapp zwei Jahre später, im März 1972, wird Thomas Weissbecker in der Augsburger Innenstadt von einem Polizisten angeblich in Notwehr erschossen. Bereits ein halbes Jahr zuvor, im August 1971, war sein Spaßguerilla-Kumpan Georg von Rauch in der Eisenacher Straße in Berlin-Schöneberg unter ähnlich zweifelhaften Umständen von einem Kripobeamten getötet worden.

Der Fälscher von Lübeck

Es ist ein Festtag für die junge Bundesrepublik, als 1951 das 700jährige Jubiläum der Lübecker Marienkirche gefeiert wird. Die im Krieg fast völlig zerstörte Kirche soll ein Zeichen der Erneuerung Deutschlands werden, sie ist schöner, glanzvoller aus den Ruinen auferstanden als je zuvor. Stolz präsentiert die Kirchenleitung die restaurierten mittelalterlichen Wandmalereien als erste Vorboten der neuen Pracht des Gotteshauses. Die Kunstexperten sind zunächst von der Restauration begeistert.

Drei Jahre lang haben der Restaurator Dietrich Fey und sein Gehilfe Lothar Malskat an den gotischen Fresken gearbeitet. Schon kurz nach Beginn ihrer Arbeit ist ihnen allerdings klar geworden, daß von den Originalen aus dem 13. Jahrhundert kaum etwas zu retten sein würde – also hat Lothar Malskat kurzerhand die mittelalterlichen Figuren selbst gemalt. Doch nach der Präsentation der Wandmalereien wird in der Öffentlichkeit nur sein Kollege Fey gefeiert, und Malskat ist, wie so viele Künstler, eitel. Je mehr Fey sich in den Vordergrund drängt, um so mehr nagt die Eifersucht an Lothar Malskat. Schließlich platzt ihm der Kragen. 1952 zeigt er Fey und sich selbst wegen Betruges an. Für die Fälschungen macht er die Kirchenleitung verantwortlich, sich hingegen sieht er als Künstler, den gotischen Meistern ebenbürtig.

Lothar Malskat erhofft sich, durch die Selbstbezichtigung mehr Beachtung zu finden und die Feinheit seiner Arbeit besser gewürdigt zu wissen. Für die Verantwortlichen ist sein Geständnis jedoch ein Affront, und der darauffolgende Prozeß wird zu einem Riesenskandal.

Für den Kunstschwindel müssen Fey und Malskat eineinhalb Jahre ins Gefängnis. Malskats Wandgemälde werden nun als wertlos erkannt und einfach von den Kirchenwänden gewaschen.

Erst Günter Grass würdigt Lothar Malskats Tun, indem er ihm in seinem Roman »Die Rättin« 1986 ein literarisches Denkmal setzt.

»Den genialen Künstlern der Stauferzeit fühle ich mich ... wahlverwandt ... Für die Künstler jener Zeit wäre die Berufung auf ihre kreative Leistung eine des Scheiterhaufens würdige Todsünde gewesen, da das Attribut ›schöpferisch‹ noch bis weit ins 18. Jahrhundert hinein allein dem Allmächtigen zustand. Sie hätten es ganz legitim gefunden, daß ich einst, der Not der Nachkriegszeit gehorchend, in ihrem Stil in Gottes Namen die Kirchenschiffe zum Frommen der Gläubigen schmückte und um meiner darbenden Familie willen auch ›echte‹ Rembrandts, Utrillos und Picassos hervorbrachte.« *Lothar Malskat*

X. Streiflichter von den Bühnen der Kunst

Kirk küßt Uhura

Wir schreiben das Jahr 1968. Die Schauspielerin Nichelle Nichols hat schon einige Folgen der Science-Fiction-Serie »Raumschiff Enterprise« abgedreht. Doch diesmal ist ein besonderer Tag in den NBC Studios in Hollywood. Beleuchter, Techniker, Kameramänner und Schauspielerkollegen wirken angespannt. Für die »Enterprise«-Folge »Platons Stiefkinder« wird eine heikle Szene gedreht: Nichelle Nichols in der Rolle des Kommunikationsoffiziers Leutnant Uhura und William Shatner alias Captain Kirk stehen in dieser Szene unter dem Einfluß einer außerirdischen Macht, weshalb das Unglaubliche geschieht – Kirk küßt Uhura. Es sind nicht etwa die unterschiedlichen Offiziersränge, die daraus einen Problemkuß machen, sondern die Hautfarbe. Shatner ist weiß, Nichols schwarz. Was dem Europa der sexuellen Befreiung nicht mal eine Randnotiz wert wäre, ruft im prüden Amerika Leitartikler, Sittenwächter und besorgte Eltern auf den Plan. Nie zuvor sah man im US-Fernsehen einen gemischtrassigen Kuß. In einigen Südstaaten wird »Platons Stiefkinder« erst gar nicht ausgestrahlt.

Für Nichols ist die Kontroverse um den Kuß nur ein Ärgernis von vielen: Seit Beginn der Dreharbeiten zu »Enterprise« fühlt sie sich diskriminiert. Als einzige Schwarze am Set hat sie keinen Vertrag und wird ungerecht behandelt. Sie erwägt ernsthaft, aus der Serie auszusteigen, bis sie auf einer Party Martin Luther King kennenlernt, der ihr dringend abrät. Der Bürgerrechtler ist begeistert von der eloquenten Uhura: Sie ermutige viele afroamerikanische Frauen zum Kampf um mehr Gleichberechtigung – tauchen schwarze Frauen im amerikanischen Fernsehen doch sonst nur in den Rollen von Dienstmädchen und Hausangestellten auf. Nichols bleibt der »Enterprise« treu. Aber bereits 1969, nach nur zwei Staffeln, erforscht das Raumschiff zum letzten Mal die Grenzen des Universums. Die Einschaltquoten sind zu niedrig. Erst später erlangt die Serie Kultstatus – und damit auch Nichelle Nichols. Ist sie 1968 die erste Afroamerikanerin, die im Fernsehen einen Weißen küßt, erhält sie 1992 als erste schwarze Schauspielerin einen Stern auf dem legendären »Walk of Fame« in Hollywood.

Der weite Weg der zweiten amerikanischen Revolution:

1. In dem Film »Birth of a Nation«(1915) von D. W. Griffith wurden erstmals Farbige auch von farbigen Komparsen gespielt, anstatt von schwarz geschminkten Weißen.
2. Erstmalig waren 1929 in King Vidors musikalischem Sozialdrama »Hallelujah!« nur schwarze Schauspieler zu sehen.
3. Hattie McDaniel war die erste schwarze Schauspielerin, die einen Oscar erhielt (beste Nebendarstellerin in »Vom Winde verweht«), Sidney Poitier bekam als erster Schwarzer einen Oscar für die beste Hauptrolle in »Lilien auf dem Felde«(1963).
4. »Die Bill Cosby Show« (1984–1992) war die erste US-Serie, die Afroamerikaner unterschiedslos zu weißen Amerikanern darstellte.
5. Seit 1968 hat Barbie eine afroamerikanische Freundin, seit 1980 gibt es die meisten Barbie-Modelle auch in einer afroamerikanischen Version.
6. Am 9. September 1965 wurde Robert C. Weaver zum ersten schwarzen Minister der USA ernannt, zuständig für Wohnungsbau und Stadtentwicklung.
7. 1974 wurde Coleman Young in Detroit zum ersten schwarzen Bürgermeister in den USA gewählt.

Die schlechteste Sängerin aller Zeiten

Im Herbst 1944 wird in New York ein Konzert von Florence Foster Jenkins in der legendären Carnegie Hall angekündigt. Jenkins ist eine berühmt-berüchtigte Sopranistin, niemand hat je auf großer Bühne so schlecht gesungen wie sie. Trotzdem ist ihr Konzert Wochen vorher ausverkauft.

1868 als Tochter eines reichen Industriellen geboren, offenbart Florence Foster ihrem Vater mit 17 Jahren, sie wolle nach Europa gehen und die Musik zu ihrem Beruf machen. Als er sich weigert, ihren Traum zu finanzieren, flüchtet sie nach Philadelphia und heiratet den Arzt Frank Thornton Jenkins. Nachdem die Ehe 1902 geschieden wird, fristet Florence ein Dasein in Armut, als Lehrerin und Pianistin verdient sie gerade genug zum Überleben – bis 1909 der Vater stirbt und Florence ein Erbe hinterläßt, das sie auf einen Schlag zu einer wohlhabenden Frau macht. Fortan organisiert sie Wohltätigkeitsveranstaltungen, vor allem aber widmet sie sich nun endlich ihrer Gesangskarriere.

Drei Jahre später ist es dann soweit, Florence Foster Jenkins beginnt ihre Bühnenlaufbahn: In selbstentworfenen und extravaganten Kostümen schmettert, gurrt und kreischt sich die unerschrockene Sängerin durch Opernarien von Mozart und Verdi sowie Lieder von Brahms. Ihr Publikum reagiert eindeutig: Es lacht Tränen oder stopft sich Taschentücher in den Mund, um nicht loszuprusten. Von diesen Petitessen zeigt sich die Foster Jenkins jedoch wenig beeindruckt, erkennt in ihnen nur Gehässigkeit und Eifersüchteleien der Konkurrenz.

Sie singt meist nur einmal im Jahr vor größerem Publikum, und ihre Konzerte werden im Laufe der Zeit gerade deshalb zu Geheimtips. Im Alter von 76 Jahren erlebt Florence schließlich in der Carnegie Hall ihren größten Triumph: Die Menschen auf den überfüllten Ränge toben, und der Star des Abends bekommt Standing ovations. Doch nach dem Auftritt verschlechtert sich ihre Gesundheit so rapide, daß Florence Foster Jenkins, die wohl bis heute unmusikalischste Sängerin der Operngeschichte, einen Monat nach ihrer künstlerischen Sternstunde stirbt.

Beuys' Badewanne

Die Vorbereitungen der SPD-Ortsgruppe Leverkusen für den »Tanz in den Mai« 1973 laufen auf Hochtouren. Eine ganze Mannschaft ist zur Arbeit im Schloß Morsbroich angetreten, denn es gibt viel zu tun. Der Festsaal muß noch bestuhlt werden, und auch die Theke ist noch nicht aufgebaut. Alles läuft perfekt, bis ein paar Männer im Abstellraum eine ungewöhnliche und vermeintlich nützliche Entdeckung machen: eine kleine Badewanne. Sie ist vollkommen verdreckt, aber was noch fehlt und unbedingt gebraucht wird, ist ein Behältnis, in dem die Gläser während der Feier ausgespült werden können. Dafür erscheint die kleine Wanne nahezu perfekt. Kurzerhand wird das Fundstück von den Männern in die Küche getragen, wo schon die Damen der SPD-Ortsgruppe warten. Sie lassen sich nicht lange bitten und scheuern die merkwürdig verschmutze und bemalte Kinderbadewanne blitzblank. Das ist eine Menge Arbeit, denn der Schmutz ist äußerst hartnäckig und klebrig.

Als das frisch gewienerte Schmuckstück wenig später an der Theke im Festsaal prangt, wird der Hausmeister von Schloß Morsbroich stutzig. Die Wanne kommt ihm irgendwie bekannt vor. Als die Männer ihm erzählen, wo sie sie gefunden haben, dämmert dem Hausmeister Schreckliches: Bei dem scheinbar so praktischen Spülbehältnis handelt es sich um die berühmte »Kinderwanne« von Joseph Beuys.

> »Ich sage ja nicht, die Sache ist soviel wert. Ich kann ja nur die Dinge produzieren, so gut ich es kann.«
>
> *Joseph Beuys*

Einige Wochen vor der Maifeier gab es nämlich eine Beuys-Ausstellung im Schloß, und die kleine Wanne wurde beim Abbau vergessen. Damit dem wertvollen Kunstwerk nichts passiert, versteckte der

Hausmeister sie bis zu ihrer Abholung im Abstellraum bei der Bestuhlung.

Die Kinderbadewanne soll nicht das einzige Werk von Beuys bleiben, das von Putzteufeln zunichte gemacht wird: Auch die sogenannte »Fettecke« in der Düsseldorfer Kunstakademie wird 1986 von einer Putzfrau unwissentlich bereinigt, zu diesem Zeitpunkt ist Beuys allerdings bereits tot.

Der falsche Oscar

Spencer Tracy sitzt 1939 im Biltmore Hotel in Los Angeles bei der alljährlichen »Oscar«-Verleihung. Auch wenn er es ungern zugibt – er ist nervös. Obwohl der 38jährige noch nicht lange im Filmgeschäft ist, hat er sich bereits einen Namen gemacht. Letztes Jahr hat er den Oscar als bester Hauptdarsteller gewonnen, und auch in diesem Jahr wird er als heißer Kandidat für die begehrte Trophäe gehandelt. Aber Tracy ist viel zu bescheiden, um sich ernsthaft Hoffnungen zu machen. Zweimal hintereinander den Oscar in derselben Kategorie zu gewinnnen – das hat noch kein Schauspieler geschafft. Doch an diesem Abend ist die Sensation perfekt: Die Auszeichnung geht wieder an Spencer Tracy, diesmal für seine Darstellung des engagierten Pfarrers Edward Flanagan in »Teufelskerle«.

Er eilt auf das Podium, nimmt die kleine goldene Statuette entgegen und will in seiner zurückhaltenden Art gerade zur Dankesrede ansetzen, als sein Blick auf den Sockel des Oscar fällt – dort, wo sein Name stehen sollte, liest er in eingravierten Lettern: »Dick Tracy«. Der Graveur hat sich nicht nur verschrieben, er hat den Schauspieler mit der in den 30er Jahren populären Comicfigur Dick Tracy verwechselt – eine nicht gerade schmeichelhafte Fehlleistung. Spencer Tracy bemüht sich, ganz Gentleman zu bleiben und verkneift sich den Kommentar in aller Öffentlichkeit.

Hinter den Kulissen wirbelt der Faupas jedoch mächtig Staub auf, so daß die verantwortliche Academy das Procedere der Auszeichnung ändert, um weitere Peinlichkeiten zu vermeiden. Von nun an gibt es Blanco-Oscars, die erst später graviert werden. Diese Regelung hat sich bis heute gehalten, so daß die Annalen der Oscar-Verleihung seither keine falschen Titulierungen mehr verzeichnet haben.

König der Winde

Im Jahr 1892 geht für Joseph Pujol ein langersehnter Wunsch in Erfüllung. Der 35jährige Bäcker aus Marseille erhält ein Engagement am berühmten »Moulin Rouge« in Paris. Bereits bei seinem Eintreffen in der französischen Hauptstadt bestärken die stilisierten Windmühlenflügel des Varieté-Theaters Pujol in seinem Glauben, daß er nirgends auf der Welt besser aufgehoben sein könnte als hier. Und er soll recht behalten: Wo sonst die größten Entertainer der Welt auftreten, brilliert in den nächsten Jahren der unbekannte Südfranzose mit seiner einzigartigen Kunst.

Durch eine außergewöhnliche Beherrschung seines Rektums kann Pujol auf Kommando geruchlose Flatulenzen erzeugen. In seinen Bühnenshows ahmt der Analartist verschiedene menschliche Winde nach, trötet bekannte Schlager, steckt sich glimmende Zigaretten zwischen die Hinterbacken und pustet riesige Kerzen aus. Im Publikum kommt es während seiner Aufführungen regelmäßig zu Lachattacken, die bisweilen in Ohnmachtsanfällen enden. Als gar ein Publikumsgast vor lauter Lachen verstirbt, sieht sich die Intendanz des Moulin Rouge genötigt, Krankenschwestern zu engagieren und zwischen den Reihen zu postieren.

Der Ruf des virtuosen Windkünstlers verbreitet sich indes rasch in ganz Europa. »Le Pétomane«, der Furzer, wie Pujol sich auf der Bühne nennt, mausert sich zum bestbezahlten Entertainer seiner Zeit. Selbst Monarchen reisen nach Paris, um die vier Meter hohe Wasserfontäne zu bewundern, die Le Pétomane aus seinem Rektum preßt. Als eines Tages ein älterer Herr mit Monokel und Melone um eine Privataudienz bittet, stellt sich heraus, daß sich hinter dieser schlichten Fassade König Leopold von Belgien verbirgt. Leopold ist äußerst angetan von Pujols Kunst, doch war es ihm nicht vergönnt, die Kunst des Analartisten zu bewundern, als dieser durch Belgien tourte. Die Würde seines königlichen Amtes stand diesem Amüsement im Wege. Deshalb ist Leopold nun inkognito nach Paris gereist, um zu sehen, was seine Untertanen zu solch einzigartigen Lachanfällen animierte.

Das Ende von Le Pétomane zeichnet sich erst ab, als das Moulin Rouge eine Kunstfurzerin engagiert, die schon bald des Betruges überführt wird. Empört verläßt Pujol das berühmte Varieté und eröffnet sein eigenes »Théâtre Pompadour«. Doch nur wenig später, mit Ausbruch des Ersten Weltkriegs, geht dem »König der Furzer« die Luft aus. Während auf den Schlachtfeldern Europas mit Giftgas gekämpft wird und Millionen Menschen sterben, will niemand mehr die harmlosen Gase von Le Pétomane beklatschen. Joseph Pujol schließt das Théâtre Pompadour, kehrt nach Südfrankreich zurück und arbeitet wieder als Bäcker.1945 läßt er, hochbetagt und von der Öffentlichkeit vergessen, seinen letzten Wind fahren.

Der Drehbuchautor Rolf Honold führt selten angenehme Telefonate mit der ARD, meistens geht es bei den Gesprächen ohnehin nur um eine höfliche Ablehnung einer seiner Ideen. Doch als eines Tages im Jahr 1965 sein Telefon klingelt, sagt ihm der Programmchef die Verfilmung seines Drehbuches zu. Drei Jahre lang hat Honold damit immer wieder bei dem Sender angeklopft. Er ist überzeugt, daß seine Science-Fiction-Geschichten um einen eigenwilligen Raumschiffkommandanten und seine Crew ein echter Erfolg werden können.

Nun endlich ist es soweit: Mit einem Budget von 3,4 Millionen Mark sollen die ersten Folgen produziert werden. In den Bavaria-Studios im Münchener Geiselgasteig wird gebohrt, gezimmert und gedrechselt, um eine futuristische Welt entstehen zu lassen: die Welt der »Raumpatrouille Orion«. Liebevolle Arrangements aus Bügeleisen, Bleistiftspitzern und Sanitärarmaturen bilden die Kommandobrücke des Raumschiffs Orion. Für viele Fernsehschaffende ist die Serie ein veritables Karrieresprungbrett: Rolf Zehetbauer, der für das Produktionsdesign verantwortlich zeichnet, wird später Produktionen wie »Cabaret«, »Das Boot« und »Die unendliche Geschichte« betreuen. In den Heimwerkerkulissen der Orion haben bundesdeutsche Schauspieler wie Dietmar Schönherr, Wolfgang Völz oder Eva Pflug denkwürdige Auftritte und ebenso denkwürdige Dialogzeilen – »Rücksturz zur Erde!« wird in den 60er Jahren gar zum geflügelten Wort. Die Musik von Peter Thomas trifft die Easy-Listening-Mode jener Zeit und wird ein Riesenhit. Die Filmkostüme lösen eine Modewelle aus. »Raumpatrouille Orion« macht legendären Straßenfegern jener Zeit wie den Fernsehshows von Hans-Joachim Kulenkampff oder den Francis-Durbridge-Krimis im Rundfunk ernsthafte Konkurrenz – und das nicht nur in der

Bundesrepublik: Die Orion patrouilliert in Frankreich, Österreich, der Schweiz, Italien, Belgien, Holland, Schweden, Jugoslawien, Ungarn und besonders erfolgreich in Südafrika.

Die bundesdeutsche Intelligenz indes hat für das Science-Fiction-Epos nur ein Wort übrig: Schund. Man wirft der Serie Gewaltverherrlichung und faschistoide Züge vor. 1967, nach nur sieben Folgen, verschwindet die Orion vom Fernsehhimmel. Bis heute halten sich Gerüchte, daß der eigentliche Grund für die Absetzung die niedrigen Zuschauerzahlen waren: »Raumpatrouille Orion« erzielte eine Quote von fast 60 Prozent.

Die Geburt der Orion aus dem Geist von Alka Selzer

1. Unterwasseraufnahme – Alka-Selzer-Tabletten Blasen
2. Overkill – Reis, Rosinen, Kaffeemehl und Mehl
3. Supernova – Brandmasse
4. Roboter – Eisportionierer und Geburtszange
5. Lichtsturm – in die Luft geworfener Reis

Robert Doisneau blickt auf eine lange Karriere als Fotograf zurück. Er hat Geld, Ruhm und Auszeichnungen gesammelt. Sein berühmtestes Bild stammt aus der Frühzeit seiner Laufbahn: »Le Baiser de l'Hôtel de Ville«. Jeder Romantiker kennt den 1950 entstandenen »Kuß«, jenen anrührenden Schnappschuß von einem Liebespaar, das sich vor dem Pariser Rathaus selbstvergessen in den Armen liegt. Nicht zuletzt dieses Foto begründete das Klischee von Paris als Stadt der Liebe.

Um so irritierender für den Starfotografen, daß er sich 1993 wegen des Bildes vor Gericht wiederfindet. Eine Schauspielerin namens Françoise Bornet behauptet, der berühmteste Schnappschuß der Welt sei gar keiner. Im Gegenteil: Doisneau habe einen Auftrag des *Life Magazin* zum Thema »Verliebte in Paris« gehabt und sie und ihren damaligen Freund dafür bezahlt, als Liebespaar zu posieren – ein Skandal, der die Kunst- und Medienwelt erschüttert. Hunderttausende Postkarten wurden mit dem Bild verkauft, über 400 000 Poster gedruckt.

Françoise Bornet beklagt sich nun, 43 Jahre später, über die lächerliche Gage: Lediglich ein paar Francs und einen Abzug des Fotos habe sie von Doisneau erhalten und verlangt darum 100 000 Francs Schadenersatz. Vor Gericht geht sie allerdings leer aus. Schließlich habe sie ihr Honorar erhalten, und daß »Le Baiser« zu Weltruhm gelangen würde, habe 1950 niemand ahnen können. Doch das Model von damals läßt sich nicht entmutigen und beweist Geschäftssinn: Sie bietet ihr Originalfoto einem Pariser Auktionshaus an, das den 18 mal 24,6 cm großen Erstabzug für 155 000 Euro unter den Hammer bringt.

AUTORENNACHWEIS

Hinter dem Pseudonym »Fanny Frohmeyer« verbergen sich folgende Autoren:

Katharina Addas, S. 11 26

Mark Diening, S. 55 59

Richard Fasten, S. 9 19 28 33 36 43–47 53 57 61 69 81–85 89
   102 125 133 137–149 152 154 163 165 176 181–189 200

Jörg Frommann, S. 64 66 71 73

Sven Hessmann, S. 49 114 131 174 195

Diana König, S. 24 93 98 104 106 112 129 161 171 179 197

Claire Kotanyi, S. 15 177

Markus Münch, S. 41 75

Axel Primavesi, S. 91 158

Bernd Ratmeyer, S. 13 31 35 38 39 51 68 77 79 87 95 100
   110 117–123 127 150 167 169 193 199 202 204

Franziska Wunschick, S. 17 22 80 94 97 108 116 135 156 160
   173 191

»Man muß sich die Kunden des Aufbau-Verlages als glückliche Menschen vorstellen.«

Süddeutsche Zeitung

Das Kundenmagazin der Aufbau Verlagsgruppe erhalten Sie kostenlos in Ihrer Buchhandlung und als Download unter www.aufbauverlagsgruppe.de. Abonnieren Sie auch online unseren kostenlosen Newsletter.

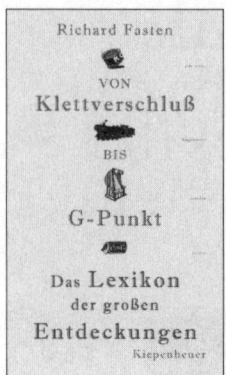

Richard Fasten
Von Klettverschluß bis G-Punkt
Das Lexikon der großen Entdeckungen
Mit Illustrationen von Andreas Brexendorff
160 Seiten. Gebunden
ISBN 978-3-378-01084-0

Entdeckungen, die die Welt veränderten

Ein Sammelsurium großer Entdeckungen der Menschheit: von Vibrator bis Blindenschrift, von Computer bis Kartoffelchips, von Dampflokomotive bis Coca-Cola. Zwei rüstige alte Damen beschließen auf einer Party, die sexuelle Befreiung der Frau voranzutreiben, und geben die Entwicklung eines Medikaments in Auftrag – wenige Jahre später kommt die Antibabypille auf den Markt und revolutioniert das Liebesleben. Amüsant und kurzweilig wie Ben Schott und Dr. Ankowitsch erzählt Richard Fasten wissenswerte und charmante Geschichten über Entdeckungen, die unsere Welt veränderten.

Mehr Informationen erhalten Sie unter
www.aufbauverlagsgruppe.de oder in Ihrer Buchhandlung

kiepenheuer
AUFBAU VERLAGSGRUPPE